呼称の
対人的機能

大野木裕明 著
Hiroaki Ohnogi

ナカニシヤ出版

はじめに

　あだ名やニックネームのような呼称に関する研究は，民族学，文化人類学，言語学，歴史学などの重要な研究領域の1つである。しかし，教育心理学や発達心理学のような心理学研究の大きなテーマにはなっていない。もちろん，研究自体がないわけではないが，多くの研究者が集中して取り組み，ある程度のまとまった成果の蓄積があるわけではない。極端な言い方をすると，等閑視されてきた研究領域である。

　学校でも家庭でも，ある場面で誰が誰をどう呼ぶのかという現実問題は，まぎれもなく，対人間の心理学的な距離の反映である。実際のところ，あだ名やニックネームを知れば，誰と誰とが，どのような間柄であるかがよくわかる。あだ名を付けられた人物が，周囲からどのように人物評価されているのかがわかる。それは，多くの人たちの経験則である。あだ名が広まるという事は，その周辺の人たちによって，あだ名の意味する「人物評価的な何か」が広く承認されている事を意味する。もしも，あだ名が定着せず，自然に消失していくのであれば，「人物評価的な何か」は周囲から合意され承認されていない可能性が強い。この点が実名や，自称して意図的に広めるようなタイプの呼称とは違う。

　あだ名には愛称だけでなく，蔑称もある。蔑称は，しばしば，相手に対する人格攻撃の道具として使われる。パワー・ハラスメントになる事もある。したがって，教育心理学や社会心理学的な視点からみれば，あだ名に代表されるような呼称の使い方は，対人関係上の大きな研究テーマでなくてはならないはずであった。

　本書は，理論・経験則（テクスト）と検証（調査）のサイクル化という一種ユニークな構成になっている。それは，この研究の進め方の特徴である。第1章があだ名に関する理論・経験則の内容分析にあたり，第2章がその現状把握の調査的研究にあたる。第3章が別の理論・経験則の内容分析にあたり，第4

章がその現状把握の調査的研究にあたる。理論・経験則（テクスト）と検証（調査）のサイクル化と述べたのは，このような進め方のことを意味している。このような往復的な進め方によって，学校における教師や子どものあだ名の命名方略の心理学的な分類，さらにはその機能や，蔑称としてのあだ名の克服の処方箋を以下の第4章や第5章で模索している。さらに第6章では家族における呼称を調べて，呼称と心理的距離・心理的離乳の関係を追究している。

　本書はこのような研究アプローチに依存している産物である。この領域の研究は始まったばかりとも言えるので，さらには，オーソドックスな心理学研究法を加味した追究を重ねて成果を広げていくことが重要であると考えている。

　本書の刊行にあたり，出版をお引き受けくださったナカニシヤ出版の宍倉由高様，山本あかね様には多大なご支援をいただいた。厚くお礼申し上げる。

　なお，本書には独立行政法人日本学術振興会平成26年度科学研究費助成事業（科学研究費補助金）（研究成果公開促進費）の交付を受けた（課題番号265192）。

目　次

はじめに　i

序　章　呼称に関する問題の所在……………………………………1
　1．呼称，あだ名の心理学的な位置づけ　2
　2．あだ名の発生時期の推定と文献的根拠　6
　3．まとめと本書の研究目的　8

第1章　文学作品にみられるあだ名に関する内容分析
　　　　―『坊っちゃん』（夏目漱石）の事例研究―…………11
　1．問題と目的　12
　2．結　果　20
　3．考　察　23
　4．まとめ　34

第2章　学校教師のあだ名に関する調査的研究………………37
　1．問題と目的　38
　2．方　法　38
　3．結　果　39
　4．考　察　49

第3章　マンガ作品にみられるあだ名に関する内容分析
　　　　―『よいこ』（石川優吾）の事例研究―………………55
　1．問題と目的　56
　2．方　法　56

　　　　3．結　　果　57
　　　　4．考　　察　62

第4章　児童のあだ名に関する調査的研究……………………65
　　　　1．問題と目的　66
　　　　2．方　　法　66
　　　　3．結　　果　67
　　　　4．考　　察　74

第5章　あだ名を拒絶する方途に関する調査的研究……………79
　　　　1．問題と目的　80
　　　　2．方　　法　80
　　　　3．結果と考察　80
　　　　4．第3章から第5章のまとめ　85

第6章　女子青年からみた親子間の呼称と心理的離乳……………87
　　　　1．問題と目的　88
　　　　2．方　　法　88
　　　　3．結　　果　89
　　　　4．考　　察　92

第7章　総　　括……………………………………………95

本書の構成　103
引用文献　105
索　引　109

序章

呼称に関する問題の所在

1. 呼称，あだ名の心理学的な位置づけ

1-1. はじめに

　呼称とは，「名づけて呼ぶこと，また，その名」の事である（『日本国語大事典　第二版』，小学館）。人が人を呼ぶ時には，姓名，実名，あだ名，ニックネーム，あるいは「あなた」「お前」のように，他の人から区別してその人を特定する語を用いる。このような呼び名を呼称と言う。

　呼称やあだ名が，呼ぶ人と呼ばれる人との何らかの対人関係のありようを示す事は，日常的な観察からは明らかである。例えば，恋人同士が結婚し子どもが生まれると，その時からお互いに「パパ」「ママ」とか，「おとうさん」「おかあさん」と呼び方を変える事がある。これは，子どもの誕生によって家族の中の社会的位置づけが確認されたり，変わったりした事のあらわれとされる。家族研究を代表とする社会学や言語学の研究領域においては，その種の調査的研究がみられている。

　それでは，教育心理学的な視座から呼称を捉えるとどうだろうか。学校であだ名を付けられてイジメにあったり，教師に対して親しみや蔑視の象徴として，あだ名を付ける事は日常的にはよく知られている。これは明らかに教育心理学や社会心理学の研究テーマである。例えば，明治の文豪である夏目漱石の作品『坊っちゃん』では，主人公の「おれ」が，職場の同僚・上司から「世間しらずの坊っちゃん」と蔑称的に陰口をきかれる場面がある。その一方では，住み込みの清という名前の女中から愛称やほめ言葉で「坊っちゃん」と呼ばれている。理由はご主人の息子であり，元旗本の次男坊だからである。一人の人間「おれ」が，「坊っちゃん」という呼称・あだ名を付けられるが，その意味は異なっている。「おれ」を取り巻く対人関係を表現している（大野木，2002, 2003）。図0−1は，高校生と大学生の男女合計101名が回答したSD法イメージであるが，読者もまた愛称や褒め言葉としての呼称「坊っちゃん」（図では黒マーク）と同僚上司からの蔑称的なあだ名の「坊っちゃん」（図では白マーク）とを区別して受け取っている。

　別の例として，家庭でも，思春期の女子青年が自分の父親を「あの人」と呼

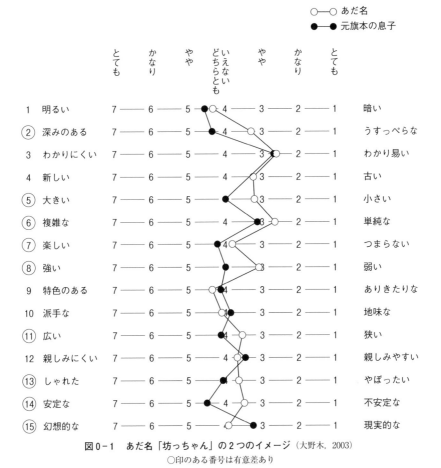

図0-1 あだ名「坊っちゃん」の2つのイメージ（大野木, 2003）
○印のある番号は有意差あり

んだりするケースがある。

このように，呼称やあだ名が，学校や家庭の人間関係を象徴する何らかの目印（マーカー）になっている事は経験的に明らかである。しかしながら，その事について，心理学的研究や（中條・滝波, 1989; 小川, 1991, 2000; 津留, 1960），民族学的・言語学的研究はあるものの（篠田・大久保, 1980; 谷, 1979, 1981; 矢野, 1973），一連の教育心理学や心理学的研究がなされているとは言いがたいのが現状である。学校教育や家庭教育において困難な問題で

表0-1　日本語におけるあだ名の辞書的な意味

『日本国語大事典　第二版』（小学館）
・本名とは別に他人を親しんで，また，あざける気持ちから，その容姿，性質，くせ，挙動などの特徴によって付けた名。

『日本語大辞典』（講談社）
・あだな：本名以外に他人からつけられる呼び名。愛称あるいは悪意や中傷の意味をもつものなど多種。ニックネーム。
・ニックネーム：①あだ名，②愛称。親しいよび名。用例／ロバートのニックネームはボブ。

『角川国語大辞典』（角川書店）
・あだな：人の顔かたちや癖などによって，本名のほかに付けた名。悪口の意味と，親しみの気持ちでいうときがある。
・ニックネーム：本名とは別にその人の性格や容姿などの特徴によってつける愛称。あだ名。

『広辞苑（第六版）』（岩波書店）
・あだ名：（アダは他・異の意）その人の特徴などによって実名のほかにつけた名。あざけりの意味や愛称としてつける。異名。ニックネーム。
・ニックネーム：あだ名。愛称。

あるあだ名やニックネームのような呼称問題を，教育心理学や発達心理学あるいは社会心理学的に追究する事は，多くの研究者から等閑視されてきたと言わざるを得ない。

本研究の目的は，教師・生徒間や親・子間に発生するようなあだ名や呼称を，心理学研究として総合的に追究することにある。

1-2. 辞書にみるあだ名の定義

あだ名は，漢字では，「渾名」「綽名」と表記される。「あだ」は，「他，別」の意味である。事典，辞典では表0-1のように説明されていて，いずれもほぼ同様の説明になっている。

1-3. ニックネームの意味

英語のニックネームについての辞典の記載は表0-2のようである。

このように，英語のニックネームの意味は，日本語辞書で説明されている「あだ名」と似てはいる。あだ名とニックネームとは，Christian nameを短縮するなどの場合には，必ずしも同じではないかもしれないが，われわれが現在の

表 0-2　英語表記ニックネーム nickname の辞書的な意味

『小学館英和中辞典』（小学館）
　①あだ名，ニックネーム。例としては，Hippo かば，太っちょ／Moose 大しか，大きくてからだががっちりした人／Whizzer やり手／Univac 電算機の商標名より，勉強ばかりしている学校秀才。
　②略称，（…の）愛称《for…》"Tom" is a nickname for "Thomas". トムというのはトーマスの愛称である。

『小学館ランダムハウス英和大辞典』（小学館）
　①あだ名，異名，通り名，ニックネーム：（以下文例は略，Whizzer やり手など）②略称，愛称，呼び名：（以下文例は略，Christian name を短縮または変形したもので James → Jim など，ほかに Slim おやせさん，Fats デブ，Shorty チビなど。

社会生活で使っている分には，ほぼ同じ部分があるとみなされている。

　ニックネーム（nickname）は，本名・氏名以外に他人から付けられる呼称である。語源は古い英語の eke name であり，これは「付加する add, augment」という意味の動詞 ecan に基づく。だから，ニックネームは，周囲の人々からの対人的な認知や評価のあらわれ，つまり他者からどうみられているのかという証明書のような面がある。これは，すでにみてきた広義のあだ名の意味とほぼ同じである。ただし，日本の場合，愛称として上述の②の意味のニックネームを使う事はあるが，それが必ずしも①の意味のあだ名に相当するとは限らない場合がある。これは，後のあだ名の分類（特に分類 1～3）に相当するので，そこでもう一度触れる事にする。

1-4. 心理学用語としてのあだ名

　あだ名，ニックネーム，呼称などが心理学の専門用語として認められているかどうかを判断するために，代表的な心理学辞典を調べた。その結果，『新版 心理学事典』（梅津ほか），『心理学辞典』（中島ほか），『心理学辞典』（藤永ほか）のような心理学辞典，『多項目 教育心理学辞典』（辰野ほか），『教育心理学新辞典』（牛島ほか）のような教育心理学辞典，あるいは『改訂新版 社会心理学用語辞典』（小川）には，あだ名，ニックネーム，呼称の項目はみられなかった。Manstead & Hewstone (1995) によるエンサイクロペディアにも掲載されていなかった。現時点では，心理学の専門用語としては辞典・事典類にはほとんど掲載・認知されていないと考えられる。

2．あだ名の発生時期の推定と文献的根拠

2-1．実名あるいは本名の定着時期

　あだ名が存在するには，実名あるいは本名の存在する事が前提条件になる。したがって，まず，実名あるいは本名がいつ頃から成立したのかを確認し，次には，あだ名と実名・本名が併記された文献を発見してその時期を特定する作業に入る事にする。

　氏，姓，名字，苗字などの歴史的な経緯・変遷は複雑である。その詳細はその方面の専門家に委ねる事になるが，おそらく最初は氏姓制度の成立（5～6世紀）と関わる。当時のある時期には次の2種類がみられたという。
①「藤原朝臣」のように「朝臣」「連」などの姓を与えられた人たち
②「山部」「馬飼」など姓を含まない人たち。
　やがて，670年の庚午年籍により，これまで姓を持たなかった者にも姓が与えられ，人口的な広がりが生まれた。

　他方，名字であるが，これは武士の間で生まれ広まった通称で，例えば，北条時政の名字は「北条」，姓は「平朝臣」であった。これは武士の出現時期であるから，かなり近代に近づく。このような名字が広まるにつれて，他方では姓はだんだん使われなくなる。1875（明治8）年の「苗字必称令」が出た頃には，一般には，氏，姓，名字，苗字の区別はあいまいになった（以上は，武光，1998の解説による）。

　つまり，いわゆる四民平等の名の下に苗字必称令（1875年）が出された以降には，形式的には対人関係場面であだ名が発生する状態になっていた事になる。もちろん，部分的にではあるが670年の庚午年籍の頃にはあだ名が発生する根拠は存在していたと考えられる。

2-2．あだ名の記載に関する文献

　『竹取物語』の中には，あだ名に関する記述がある。

　　今は昔，竹取の翁といふものありけり。野山にまじりて竹を取りつつ，よろづ

のことに使ひけり。名をば，さぬきのみやつことなむいひける。(今ではもう昔のことになってしまったが，竹取の翁とよばれる人がいた。野や山にはいりこんで，竹を取っては，いろいろの道具を作るのに使っていた。その名をさぬきのみやつこと言った。)[訳出については中川興一訳『竹取物語』(角川書店) p.49より引用]

　成立推定年代は，藤原文化の頃，910年以前の作，一説に9世紀後半である。
　あだ名・呼称は「竹取の翁」である。「竹取り」は生業，「翁」は性別と年齢を表現している。名前の「さぬきのみやつこ」に対する呼称・あだ名として，「竹取の翁」が使われている。このように，結論を先取りすると，社会生活の中では古くから，名字・姓名がありながら，人を呼ぶ時にあだ名を使用するという場面が存在していた事がわかる。
　もう一例として，『徒然草』を示す。成立推定年代は14世紀の鎌倉時代末期，兼好法師（卜部兼好，吉田兼好）の作とされる。
　あだ名の該当個所を以下に引用する。第45段「公世の二位のせうとに」，第60段「真乗院に，盛親僧都とて」，第226段「後鳥羽院の御時」の3か所である。ここで詳しく引用するのは，後の調査的研究で示されたあだ名の命名方法を，すでに徒然草の中で見つける事ができるからである。

　①第45段「公世の二位のせうとに」：
　公世の二位のせうとに，良覚僧正と聞こえしは，きはめて腹あしき人なりけり。坊のかたはらに大きなる榎の木のありければ，人「榎の木の僧正」とぞいひける。「この名しかるべからず。」とて，かの木を切られにけり。その根のありければ，「きりくひの僧正」といひけり。いよいよ腹立ちて，きりくひを堀り捨てたりければ，その跡大きなる堀にてありければ，「堀池の僧正」とぞいひける。
　(公世の二位の兄に，良覚僧正と申し上げた人があったが，その人は，非常に怒りっぽい人であった。この人の住んでいた僧舎のそばに，大きな榎の木があったので，人々があだ名をつけて「榎の木の僧正」といった。《僧正はこれを聞いて》「こんな名はよろしくない」といって，その木を切っておしまいになった。《ところが》その切株が残っていたので，こんどは人々は「切杭の僧正」とあだ名をつけた。《そこで僧正は》ますます腹を立てて，その切株を掘って捨ててしまった，するとその跡が大きな堀となっていたので，こんどは人々は「堀池の僧正」とあだ名をつけた。)[訳出は，『新・要説徒然草』／日栄社による。以下も同書より]
　②第60段「真乗院に，盛親僧都とて」：
　真乗院に，盛親僧都とて，やんごとなき知者ありけり。……（中略）……。こ

の僧都，ある法師を見て，しろうるりといふ名をつけたりけり。「とは何者ぞ。」と人の問ひければ，「さる物をわれも知らず。もしあらましかば，この僧の顔に似てん。」とぞいひける。……以下略。

（真乗院に，盛親僧都といって，尊い高道の僧があった。……（中略）……。この僧都が，ある法師を見て，しろうるりというあだ名をつけたのであった。「《しろうるりとは》どんな物ですか。」と人が尋ねたところ，「そういう物を私も知らない。もしあるとしたら，きっとこの僧の顔に似ているだろう。」といった。……以下略。）

③第226段「後鳥羽院の御時」：

後鳥羽院の御時，信濃の前司行長，稽古のほまれありけるが，楽府の御論義の番に召されて，七徳の舞を二つ忘れたりければ，五徳の冠者と異名をつきにけるを，心うきことにして，学問を捨てて遁世したりけるを，慈鎮和尚，一芸ある者をば下部までも召しおきて，不便にせさせたまひければ，この信濃の入道を扶持したまひけり。……以下略。

（後鳥羽院の御代に，信濃の前司行長，学問があるという評判があったが，楽府の御論義の席に召し加えられた時に，七徳の舞の名を《挙げようとして》その二つを忘れていたので，五徳の冠者というあだ名をつけられてしまったのを，情けないことに思って，学問を捨てて出家してしまった，それを慈鎮和尚は一つの芸能を持っている者は《だれでも》身分の低い者までも召しかかえてめんどうをみておやりになる人だったので，この信濃の入道をお養いになった。……以下略。）

　結論として，あだ名は，少なくとも現存で最古の物語文学とされる『竹取物語』（910年以前の作）の頃にはすでに使われていたことになる。古くから日常生活の中で，その人物の周囲の対人関係の一面をあらわす目印（マーカー）になっていたと考えられよう。また，徒然草の第45段「公世の二位のせうとに」にみるように，他者からのマイナスの人物評価になる場合がすでに存在していたこともわかる。これは，現代の学校の中で，不快なあだ名を付けられて周囲から蔑視される事態と似たことが，すでにこの時代に存在していたことをうかがわせる。

3．まとめと本書の研究目的

　呼称，とくにあだ名やニックネームは，心理学専門用語としては認められていない。しかしながら，学校場面では他者を呼ぶ時の対人関係の目印（マーカー）

3．まとめと本書の研究目的

として，愛称や蔑称として使われる事がある。これは教育心理学や社会心理学のテーマであると言えよう。家庭場面でも，青年期の子どもが親をどう呼ぶかは青年心理学や発達心理学の重要なテーマと関わると言えよう。

あだ名の使用は『竹取物語』『徒然草』の作品の中にも発見され，これは古くから対人関係の中であだ名が使われていたことの証である。『徒然草』では，本人に付けられた不快なあだ名を解消するために苦心した人物（「近世の二位のせうとに」）のエピソードが語られている。学校場面では，明治時代の『坊っちゃん』（夏目漱石）の中に「坊っちゃん」というあだ名が使われている。主人公の「おれ」は職場の同僚・上司から「坊っちゃん」という蔑称で阻害されている（大野木, 2003）。

このように，学校や家庭内の対人的場面では，あだ名のような呼称は，相互の人間関係を表現する機能を有すると考えられる。

これまでにも，あだ名や呼称に関する研究がなされていないわけではなかった。例えば，学校場面について，中條・滝浪（1989）は，ソシオメトリック・テストで測定した小中学生の集団内の人間関係を，相互の呼称を手がかりにして明らかにしようとした。三島（2003）は，小学生のインフォーマル集団内外での相互の呼称には違いがある事を報告している。家庭場面について，小川（2000）は，祖父母を含む家族の呼び方を中学生に尋ねている。和田（2008）は父母の呼称を女子短大生に尋ねて，呼び方と青年期における呼び方の変化の有無について実態調査をしている。横谷（2008）は，家庭内暴力と親への呼称の種類が関連する事を述べている。しかしながら，全般的にみれば，単発的な心理学研究しかなされていないのが現状である。

本研究では，学校教育の場における教師・生徒関係，家庭教育における親・子関係の文脈において，どのようなあだ名が使われ，それがどんな機能を持つのかを追求していく。さらに本書の後半においては，蔑称的にイジメの道具やパワー・ハラスメントの道具として使われるあだ名の，命名方略のタイプとその具体的な解決策を検討していく。

第 1 章

文学作品にみられるあだ名に関する内容分析
―『坊っちゃん』(夏目漱石)の事例研究―

1. 問題と目的

1-1. 目　　的

　文学作品にみられるあだ名に関しての内容分析を行う。事例研究として，明治の文豪である夏目漱石の作による『坊っちゃん』を分析の対象とする。この作品を選んだ理由は，学校場面を扱っていること，100年以上も長く読み継がれておりかなりの普遍性があると考えられること，あだ名が多く出てきていて，その命名の根拠が本文中に解説されていることによる。もちろん，この他にもあだ名を扱った作品はあるが（例えば『二十四の瞳』），それらは必ずしもあだ名の根拠や人物像が豊かに描かれているわけではない。

　本研究の目的は，学校教師のあだ名を扱う文芸書をテクストとして，あだ名がどのように扱われているかを心理学的な立場から内容分析することである。分析作業を焦点化するために，大きくは以下の2つの分析を行う。

　分析1：あだ名とその命名理由を抽出する。誰がどのような理由や根拠をも
　　　　とに，あだ名を付けているのかを調べる。
　分析2：呼ぶ人と呼ばれる人の対人関係の記述を抽出する。あだ名が付いた
　　　　人は周囲からどのような対人認知や評価を受けているのかを調べる。

　このような分析を行うに先だって，以下の『坊っちゃん』のあらすじに続いて，あだ名の命名方略に関連すると考えられる心理学的な諸理論をまとめる。

1-2.『坊っちゃん』のあらすじ

　明治時代の日露戦争の頃である。主人公は，もと旗本の次男坊の「おれ」であり，時に「坊っちゃん」と呼ばれる人物である。氏名は出てこない。自分では「おれ」と言い，他者からは「坊っちゃん」などと呼ばれる人物である。生まれついての江戸っ子である。両親の死後，兄や，家に奉公していた女中の清と別れて，東京物理学校に入学，卒業後，四国の中学校へ数学の教師として赴任する。もちろん，そこへは行った事もなかった。就職の勤務状況はと言うと，どうにも地方特有の閉鎖的な風土が気に入らない。学校でも，教職員や生徒との人間関係がうまくいかない。トラブル続きである。学校では教頭（あだ名は

「赤シャツ」）派と，それに歯向かう数学主任の堀田（あだ名は「山嵐」）の対立があった。最初，「おれ」は，まんまと「赤シャツ」の言うことを信じてしまい，「山嵐」を悪人だと思いこむ。

　ところが，あとでわかったのだが，こんな話があった。実は，英語の古賀（あだ名は「うらなり」）には，年少時からの婚約者である女性がいた。あだ名は「マドンナ」である。この「マドンナ」の結婚問題で，「うらなり」と「マドンナ」の両者の間に「赤シャツ」が割って入ったのである。

　結局，「マドンナ」は，「うらなり」から「赤シャツ」へと，交際相手を乗り換えたかっこうになる。「うらなり」にしてみれば，恋人を奪い取られたような結果になる。その時に，「山嵐」が「赤シャツ」に抗議し，その後はイザコザが続いていた。「坊っちゃん＝おれ」は，ちょうどその中に飛び込んだ状態であった。遅まきながら，この人間関係図式を知った「坊っちゃん＝おれ」は，一転して，勝手に「山嵐」派を自称する事になる。

　やがて，決定的な事件が起こる。「赤シャツ」の弟に誘われて出かけ，そこで中学校の生徒どうしの喧嘩に巻き込まれる。そして，「おれ」と「山嵐」は，生徒をけしかけて混乱を招いた者として新聞に書かれてしまう。その結果，「山嵐」は追いつめられて辞職する。「おれ」も，行きがかり上，自ら進んで，辞表をたたきつける。「おれ」は，校長から慰留されるのだが，これを振り切って，わずか一か月余りで退職してしまう。こうなったのも，すべて，「赤シャツ」のたくらみのせいであると思いこむ。

　「おれ」と「山嵐」は二人で相談，「赤シャツ」とその子分の吉川（あだ名は「のだいこ」）の二人に対して，腕力による制裁を加えて，ほどなく四国を後にする。このような事で，赴任先の四国を去って生まれ故郷の東京へと戻った「おれ」は，待っていた老女の清を引き取って，路面電車の技手の職に就く。数か月の平和な同居生活の後，肺炎をこじらせた清は，「おれ」に看取られて死んだ。

1–3.「ジョハリの窓」理論

　誰が誰にあだ名を付けるかという対人関係に関わる理論として参照する。

　ジョハリの窓（Johari Window）は「対人関係における気づきのグラフ式モデル」として Joe（Joseph）Luft と Harry Ingham によって考案された。1955

年夏のアメリカ西海岸地方で開催したラボラトリー（集中的人間関係訓練）で紹介したのが始まりで，最初の文献は UCLA の Extension Office が刊行した *Proceedings of the Western Training Laboratory in Group Development*, 1955にあらわれている（以上の説明は柳原 1980，p. 8 による）。

　ジョハリの窓理論では，他者と関わる総体（total person）としての私には4つの象限を持つ窓があると捉える。それらは，私も他者も公的に自己をわかっている開放（open）領域，私にはわかっていないが他者は自分をわかっている盲点（blind）領域，私はわかっているが他者はわかっていない閉鎖（hidden）領域，私も他者もわかっていない未知（unknown）領域である（Luft, 1969；柳原，1992）。もちろん，この窓は心理学的モデルであり，実際に身体に窓があるわけではない。

　文芸作品の登場人物の対人関係を分析するツールとしてジョハリの窓を用いる研究は，おそらく発表されておらず，この研究が初めてであろう。この分析は夏目漱石『坊っちゃん』の主人公「おれ」についてみたものであり，具体的には登場人物「おれ」に関する周囲の人からの人物評の記述文章を抜き出し，それをジョハリの窓の4つのうちの該当領域に貼り付けることにより，「おれ」の人間関係を分析するものである。

1–4. 帰属理論

　帰属過程に関する諸理論の研究は，F・ハイダー（Heider, F.）のナイーブ・サイコロジーにおける帰属過程理論から始まった。その後，ジョーンズら（Jones et al., 1972），ケリー（Kelley, 1982）などによりいろいろな因果モデルが提案されている。また，ワイナー（Weiner, 1986）は，達成の成功と失敗の原因帰属についてのモデル（帰属の役割を検討する理論 attributional theory）を提案した。これらの他にも，多くの有力なモデルがあらわれた。本書では諸理論の違いには立ち入らない。あだ名を付ける時にある行動や行動の結果，あるいは何かに似ている事を根拠としてあだ名が付けられると仮定する。そこには，帰属過程に関する推論が働いていると考える。

　われわれが他者の行動をみる時には，そこには行動の原因があると考える（知覚する）傾向がある。そして，われわれは，その原因を行動の当事者本人か環

境のいずれかにあると考える（知覚する）。F・ハイダーは，行動の当事者の原因には，能力的な原因，動機的な原因があるとした。環境の原因には，運，課題の困難性があるとした。つまり，F・ハイダーは，能力，努力，意図，課題の困難さ，運などを用いて，われわれが用いる因果関係の知覚を分析した。ここで説明のために，「行為の当事者本人の原因（努力）→行動」という因果関係の帰属を考えてみよう。ある人が経済的に富をなしたとしよう（行動）。その原因をどこに求めるか。行動の当事者本人に原因があると考えてみよう。この場合，金儲けをする才能，能力があるからだという原因帰属は有力な考えである。あるいは，一生懸命に働き続けたためである（努力）と理由づけをする事も有力である。F・ハイダーが指摘したように，もしわれわれ人間が，行動の原因をどこに求めるかを考える存在とみるならば，そしてその独特のパターンを知る事ができるのならば，われわれは，以後の行動を予測する手がかりを手に入れた事になる。

そこで，あだ名や呼称に戻る事になるが，あだ名が当該人物の行動特徴や行動パターンを指摘し表現するものであるならば，あだ名は原因帰属理論の説明に従う。

1-5. 対人認知

今日では，対人認知は，狭義には対人知覚と同じような意味で用いられている。浜名外喜男（1995b）によると，対人認知とは，「他者に関するさまざまな情報を手掛りにして，パーソナリティ，能力，情動，意図，態度など，人の内面に潜む特性や心理過程を推論する働きのことをいう。しかし，一般には，さらに広げて，自分と他者との関係や他者間の関係などの対人関係の認知まで含めて対人認知と呼ぶ」（『改訂新版　社会心理学用語辞典』北大路書房，p.225）と定義される。浜名のまとめによると，対人認知の過程で問題となる内容は，大きくは以下の3つである（表1-2）。

以下に説明する。われわれは，相手の身体的な特徴とパーソナリティ特性の間に，何らかの関係があるかのように相手をみる事が多い。丸顔であるとか，背が高いとか，髪が短いとかいった特徴に気づくと同時に，ややもすると，その人の内面についても推測してしまう事がある。例えば，この人は優しそうな

表 1-2　対人認知の過程（浜名，1995b による解説）

1　認知の手掛り：どのような刺激，情報側面が手掛りになって認知が成立するか。情報の顕在性，内容，認知者の構え，状況的要因による。相手の容貌，体格，服装，動作，声なども含まれる。
2　推論過程：手掛り情報に基づいて特定の認知が成立してくる過程の問題。要因の検討としては，認知者に一般的に作用するとされる光背効果（halo effect），ステレオタイプ的認知（stereo-typing）などが知られる。認知者独自の推論過程と関わる問題としては，暗黙の人格理論（implicit personality theory），認知的複雑性（cognitive complexity）などが知られる。
3　認知の種類や対象　情動認知（cognition of emotions），パーソナリティ認知（personality perception），印象形成（impression formation），対人関係の認知（perception of interpersonal relations）など。

人だとか，頑固そうだとかといったパーソナリティ特性を簡単にイメージしてしまいやすい。これを速写的判断（snap judgement）と呼ぶ。つまり，身体的な特徴を判断材料にして，相手のパーソナリティを印象的に推論してしまう。これらを調べた研究の一例として，林・津村・大橋（1977）の研究がある。それによると，例えば，「短気な」というパーソナリティ特徴は，「あがり目の」「やせた」などの相貌特徴と関係（正の相関）があり，「口の小さい」「唇の薄い」「鼻の高い」「眼のまるい」などと逆の関係がある（負の相関）とみなされている事がわかった。「知的でない」というパーソナリティ特性は，「色の黒い」「口もとのゆるんだ」などの相貌特徴とと関係（正の相関）があり，「額の広い」「歯並びのよい」「耳の大きい」などと逆の関係がある（負の相関）とみなされている事がわかった。

その後の研究から，大橋（1979）は，これを表 1-3 のようにまとめている。左側には相貌特徴があげてあり，右にはそれらから推測されるパーソナリティ特性（表では，性格特性）がまとめられている。これは容貌の特徴を似ている何かに見立てるという身立てやすさのステレオタイプ的認知と大きく関わる。あだ名の命名方略としては，動物の狸に似ている顔の人は狸のようなパーソナリティ特徴を持っていると推論しやすいという事である。

1-6. 対人認知の構造

他者に対するこの種の人物評は，いわゆる「暗黙のパーソナリティ理論」

表 1-3 他者の容貌から推測されるパーソナリティ特性の対照表 (大橋, 1979)

相 貌 特 徴	性 格 特 性
第1群： 骨の細い，色の白い，顔の小さい，顔のきめの細かい，眉の細い，耳の小さい，鼻の穴の小さい，唇のうすい，口の小さい	消極的な，心のせまい，内向的な
第2群： やせた，背の高い，面長の，鼻の高い	知的な
第3群 背の低い，血色のわるい，額のせまい，目の細い，目の小さい，まつ毛の短い，鼻の低い，口もとのゆるんだ，歯ならびのわるい	責任感のない
第4群 髪の毛のかたい，顔のきめの粗い，眉の逆八の字型のあがり目の，ほおのこけた，かぎ鼻の	無分別な，短気な，感じのわるい，不親切な，親しみにくい
第5群 髪の毛のやわらかい，眉の八の字型の，目のまるい，ほおのふっくらした	感じのよい，親しみやすい，親切な
第6群 血色のよい，額の広い，目の大きい，まつ毛の長い，鼻のまっすぐな，口もとのひきしまった，歯並びのよい	分別のある，責任感のある，外向的な
第7群 ふとった，丸顔の，さがり目の	心のひろい，気長な，知的でない
第8群 骨太の，色の黒い，顔の大きい，眉の太い，耳の大きい，鼻の穴の大きい，唇の厚い，口の大きい	積極的な

(implisit personality theory; IPT) である。「暗黙の」とは明示的でないという事，つまり日常経験を通じて不規則に推論され形成されていく自分なりの理論という意味である。暗黙のパーソナリティ理論は，整合的ではなく，秩序だったものでもない。けれども，われわれは，かなり共通の推論をしているのであろう。

　われわれの持つ暗黙のパーソナリティ理論は，社会的望ましさ，知的望ましさという2つの基本的な評価次元から説明できる事がわかっている (Rosenberg & Sedlak, 1972; Rosenberg, Nelson, & Vivekanathan, 1968)。ローゼンバーグらによると，社会的望ましさとは，「社交的な」「人気のある」「頼りになる」

などといった社会的にみた善の方向と、「無愛想な」「人気のない」「不正直な」などといった社会的にみた悪の方向の次元である。知的望ましさとは、「科学的」「勤勉な」「知的な」などといった知的な良の方向と、「軽薄な」「理解力のない」「愚かな」などといった知的な否の方向の次元である。つまり、個人差は、これらの次元の量的な差として認知される。言い換えると、ある人への対人認知は、知らず知らずのうちに、社会的望ましさの程度がこれこれで、知的望ましさがこれこれの程度である、といった捉え方で推論、理解される。別の人への対人認知は、社会的望ましさの程度がこれぐらいの程度で、知的望ましさがこれぐらいの程度である、といった捉え方で推論、理解される。他者への対人認知の違いは、このような人物評価の軸（判断基準）で捉えられているという事である。

1-7．対人認知の歪み

自分の好意からした事が相手に「お節介な人」と受け取られたり、気が付かなかったのに「無視する態度である」と受け取られたりする。このように、対人認知が正確になされているかどうかに悩みを持つ人は多い。しかし、他者のパーソナリティを正確に認知できる人は、ほとんどいないと考えた方がよいのではなかろうか。そもそも、パーソナリティとは何なのかという基本的な部分の議論すらもある。われわれの対人認知には歪みがあるし、その歪みにはある種の法則性が認められる。

ステレオタイプ（stereotype）は、紋切り型と訳される事も多い。「日本人は手先が器用である」「ドイツ人は勤勉である」「イタリア人は陽気である」などといった信念（belief）は、かなり多くの人が共有している事である。このように、ある人がある集団に属しているというだけで、固定化したイメージを抱く事をステレオタイプ的な認知（streotyping）と言う。浜名（1995a）は、これを、「他者のパーソナリティを判断する時、外部に現れた一部の特徴（皮膚の色，鼻の形，体型など）やその人に関するカテゴリー的情報（性，年齢，職業，国籍，人種など）によって人を分類し，それぞれのカテゴリーに一般的であるとされる特性群や一定の固定観念をその人に当てはめて認知してしまう傾向である。太っていれば『のんびりした人である』と判断したり、やせた人

を見て『神経質である』と決めつけてしまう場合などがその例である」と説明している（pp.184-185）。ステレオタイプ的認知は，非論理的で，感情的な，歪んだ認知である。ステレオタイプ的認知は，このように定義されているが，もちろん，この他にも微妙に異なった定義づけがなされてはいる。

　同様にして，ステレオタイプと類似した用語に，偏見（prejudice），差別（discrimination）がある。偏見は，ステレオタイプと似ているが，どちらかと言うと特定の先入観によって固執的に判断した態度であって，新しい情報が付加されてもなかなか修正されない点が異なる。どちらかと言うと，否定的な態度の時に使われる。差別は，それが行動として表現される時の事である（なお，これらは1つの分類であって，別の区別の仕方も提案されている）。

　あだ名について言えば，ステレオタイプ的認知によって命名されたあだ名は，対人的な差別や偏見に結びつく事は考えられることである。

1-8. あだ名の分析との関係

　以上，対人認知や対人認知の歪みに関する心理学的な知見を補助線として概説してきた。いよいよ，論点を，『坊っちゃん』の作品で出現するあだ名に戻す事にする。

　『坊ちゃん』の作品の中で，主人公の「おれ」が他者に対して付けたあだ名は，まさしく「おれ」による対人認知の産物である。就職先へ赴任した「おれ」は，そこに居る人々の外見や，言動などの特徴から，すばやく対人認知を行った。それは，ステレオタイプ的認知によるものであったり，偏見であったりしたのではなかろうか。それらが，あだ名として表現されたのである。

　本研究では，このような視座から，作品の中に具体的にあらわれた多くのあだ名を抽出して，その特徴を分析していく。「狸」「赤シャツ」などのあだ名について，その付け方の特徴や命名方略，その付けた理由・根拠を詳しく抽出し，心理学的な諸理論に沿って分類整理していく。

　なお，『坊っちゃん』は広く英語訳もなされている。その中で英語訳されているあだ名は表1-4のようである（A・ターニー『坊っちゃんBOTCHAN』，講談社インターナショナルより抜粋）。

表1-4　ある英訳書に見られるあだ名の英語表記（Turney, 1997）

あだ名・ニックネーム	キャラクター（登場人物）
狸 the Badger	校長　headmaster
赤シャツ Redshirt	教頭　second master
うらなり the Green pumpkin	古賀（担当科目「英語」）English master
山嵐 the Porcupine	堀田（担当科目「数学」）mathematics master
のだいこ the Clown	吉川（担当科目「画学」）art master
マドンナ madonnna	遠山のお嬢さん　the Toyama girl
坊っちゃん Botchan（vulgar downtown young boy）	

1-9. 方　法

『坊ちゃん』（角川文庫）より，2名（筆者および院生各1名）があだ名，性格・行動特徴の2点を作品中から抽出し，該当個所を照合した。

2．結　果

2-1. あだ名の抽出

2箇所を除いてほぼ抽出箇所が一致した。その2箇所に関して合議の下で判定した。

2-2. あだ名とその記述内容

あだ名のある人物とその性格・行動特徴を表1-5に一覧する（数字は抽出した頁）。順にみていく。

表1-5　『坊っちゃん』にあらわれたあだ名に関する記述

人物	あだ名	性格・行動特徴
校長	狸	・薄髭のある，色の黒い，目の大きな狸のような男（20）。やにもったいぶっていた（20）。 ・狸のような目をぱちつかせて（21）。 ・教育が生きてフロックコートを着ればおれになるんだといわぬばかりの狸もいる（82）。
教頭	赤シャツ	・妙に女のような優しい声を出す人（21）。

- この暑いのにフランネルのシャツを着ている (21)。
- 文学士だけに御苦労千万ななりをしたもんだ (22)。
- 赤シャツだから人をばかにしている (22)。
- 年がら年じゅう赤シャツを着るんだそうだ。妙な病気があったものだ (22)。
- 赤シャツは気味のわるいように優しい声を出す男である。まるで男だか女だかわかりゃしない。文学士がこれじゃみっともない (45)。
- いったいこの赤シャツはわるい癖だ。だれを捕まえても片仮名の唐人の名を並べたがる (50)。
- 赤シャツは声が気にくわない (56)。
- 辻褄の合わない, 論理に欠けた注文をして恬然としている (60)。
- 赤シャツのようにコスメチックと色男の問屋をもってみずから任じているのもある (82)。
- 厭味で練りかためたような赤シャツが在外親切でおれによそながら注意をしてくれる (85)。
- 赤シャツはずぶとくてごまかすつもりか, 気が弱くて名乗りそくなったのかしら (87)。
- 曲者だ (88)。
- 曲者かなんだかよくはわからないが, ともかくもいい男じゃない。表と裏とは違った男だ (88)。
- 赤シャツのようなやさしいのと, 親切なのと, 高尚なのと, 琥珀のパイプとを自慢そうに見せびらかすのは油断ができない (88)。
- ねちねちした猫撫声 (88)。
- よく嘘をつく男 (89)。
- 赤シャツは腑抜けの呆助だ (101)。
- おとなしい顔をして, 悪事を働いて人が何か言うと, ちゃんと逃げ道をこしらえてまっているんだから, よっぽど佩物だ (102)。
- 心にもないお世辞を振りまいたり, 美しい顔をして君子を陥れたりするハイカラ野郎 (106)。
- ハイカラ野郎の, ペテン師の, イカサマ師の, 猫っかぶりの, 香具師の, モモンガーの, 岡っ引きの, わんわん鳴けば犬も同然なやつ (108)。

| 古賀 | うらなり | ・たいへん顔色のわるい男がいた。たいがい顔の蒼い男はやせてるもんだがこの男は蒼くふくれている。昔小学校へ行く時分, 浅井の民さんという子が同級生にあったが, この浅井のおやじがやはり, こんな色つやだった。浅井は百姓だから, 百姓になるとあんな顔になるかと清に聞いてみたら, そうじゃありません, あの人はうらなりの唐茄子ばかり食べるから, 蒼くふくれるんですと教えてくれた。それ以来蒼くふくれた人を見れば必ずうらなりの唐茄子を食ったむくいだと思う。この英語の教師もうらなりばかり食っているに違いない (22)。
- 君子という言葉を書物のうえで知っているが, これは字引にあるばかりで, 生きているものではないと思ってたが, うらなり君に合ってからはじめて, やっぱり正体のある文字だと感心したくらいだ (64)。
- このうらなり先生のようにあれどもなきがごとく, 人質に取られた人形のようにおとなしくしているのは見たことがない (82)。

		・冬瓜の水膨れのような古賀さんが善良な君子（85）。
		・温良篤厚の士（106）。
		・どこまで人がいいんだか，ほとんど底が知れない（106）。
堀田	山嵐	・これはたくましい毬栗坊主で，叡山の悪僧というべき面構えである(22)。
		・人が丁寧に辞令を見せたら見向きもせず，やあ君が新任の人か，ちと遊びに来たまえアハハハと言った。何がアハハハだ。そんな礼儀を心得ぬやつの所へだれが遊びに行くものか。おれはこの時からこの坊主に山嵐というあだなをつけてやった（22）。
		・いまいましい，こいつの下に働くのかおやおやと失望した（23）。
		・主任のくせに向こうから来て相談するなんて不見識な男だ。しかし，呼びつけるよりは感心だ（23）。
		・学校で会った時は，やに横風な失敬なやつだと思ったが，こんなにいろいろ世話をしてくれるところを見ると，わるい男でもなさそうだ(25)。
		・おれと同じようにせっかちで肝癪持ちらしい（25）。
		・はるかに趣がある。おやじの葬式の時に小日向の養源寺の座敷にかかってた懸物はこの顔によく似ている。坊主に聞いてみたら韋駄天という怪物だそうだ（63）。
		・山嵐のようにおれがいなくっちゃ日本が困るだろうというような面を肩の上へのせてるやつもいる（82）。
		・淡泊だと思った山嵐（85）。
吉川	のだいこ	・まったく芸人風だ。べらべらした透綾の羽織を着て，扇子をぱちつかせて。お国はどちらでげす，え？　東京？　そりゃうれしい，お仲間ができて……私もこれで江戸っ子ですと言った。こんなのが江戸っ子なら江戸には生まれたくないもんだと心中に考えた（23）。
		・下品な仕草だ（48）。
		・野だの顔はどう考えても劣等だ（63）。
		・世の中には野だみたようななまいきな，出ないですむ所へ必ず顔を出すやつもいる（82）。
		・いやなやつだ（107）。
遠山のお嬢さん	マドンナ	・一番の別嬪さんじゃがなもし。あまり別嬪さんじゃけれ，学校の先生がたはみんなマドンナマドンナと言うといでるぞなもし（75）。
		・あだ名のついている女にゃ昔からろくなものはいませんからね（76）。
		・うつくしい人が不人情で（85）。
		・不貞無節なるお転婆（106）。
坊っちゃん		・竹を割ったような気性だが，ただ肝癪が強すぎそれが心配になる。ほかの人にむやみにあだ名なんか，つけるのは人に恨まれるもとになるから，やたらにつかっちゃいけない（80）。
		・あの男もべらんめえに似ていますね。あのべらんめえときたら，勇み肌の坊ちゃんだから愛嬌がありますよ（136）。

3. 考　察

　結果は上記のとおりであるが，以下の考察では，『坊っちゃん』の本文中に記述のある箇所を，場合に応じて引用することによって，考察の論拠を補強していく。

3-1. 狸＝校長先生

　命名方略は，まずは，「身体的特徴の見立て」である。容貌が動物の狸に似ている。また，「性格的特徴の見立て」でもある。パーソナリティが動物の狸に通ずるところがあると描写している。

　校長職は，学校の管理運営の現場責任者・代表者である。そこで，校長先生のあだ名が「狸」ということは，校長先生としての行動が，動物の「狸」と似ているという事である。作者の夏目漱石は，これ以外には，校長先生についての人的情報を何も記していない。氏名も年齢もわからない。家柄，出身地，家族構成なども不明である。したがって，「狸」という言葉をヒントにして，「その人物像は，どうぞ自由に，想像して読み進んでください」と言っているようなものである。

　それでは，狸のイメージはどのように形成されるのであろうか。狸に対するイメージは，明治時代と，現代とでは少し違っているかもしれない。けれども，ごく普通には，以下の2つの手がかりが考えられる。1つは，動物としての狸の姿かたちである。校長先生の姿形が，動物の狸に類似しているという事である。もう1つは，狸の行動特徴や，人間が狸に対して持っているイメージである。これは，例えば，狸は人間を化かしたりだましたりする動物として信じられている事から，つまりは，簡単には本心を表出したりはしない動物という事になるだろう。「おれ」にとって，校長先生の考えや方針はどうも理解しにくくて捕まえにくい。何か捉えどころがなく，いつも，だまされているような気がする。狸というあだ名は，「狸親父」とか，「狸爺」とかにあるように，そのような人物に対してなぞらえる言葉だからである。

　このことを別の角度から証明するために，『坊っちゃん』の挿し絵を引用する。

24 第1章 文学作品にみられるあだ名に関する内容分析

図1-1 挿し絵に描かれた校長のイメージ図
ⓒ NIPPON ANIMATION CO., LTD.
(出所:『アニメ日本の名作 坊っちゃん』金の星社,1996,p.53)

　原書の『坊っちゃん』には挿し絵はないが,その後の児童向けの版では,いくつかの挿し絵が描かれており,それを見れば少なくとも読者にとって狸がどのようなイメージで捉えられているのかが明らかになる。
　イラスト図1-1の読者対象は,小学校3,4年生以上であり,テレビ・アニメーション「坊っちゃん」をもとに作られている。絵をみると,校長先生の顔は,丸い顔,大きな口とまゆ毛になっていて,口はだらしなく開いている。直線的な強い意志がむき出しには感じられない。体つきはゆったりとした太った体型である。漠然としたあいまいな感じ,信念を持ってみんなを引っ張っていく人物というようにはみえない。手の内をみせないような感じである。この絵の表情は,いかにも動物の狸を連想させる。あえて極端に述べれば,動物の狸に服を着せて,それを人間の表情に修正したかのようでさえある。
　つまり,身体のイメージからあだ名を付ける事によって,人物のパーソナリティを類型的に捉えている。
　次に,文章表現による校長先生＝狸をみていく。以下の箇所は,直接的に,校長先生の風貌を動物の狸に見立てている記述である。

> ①校長は薄髭のある，色の黒い，目の大きな狸のような男である。やにもったいぶっていた。(20)
> ②校長は狸のような目をぱちつかせておれの顔を見ていた。やがて，今のはただ希望である，あなたが希望通りできないのはよく知っているから心配しなくつてもいいと言いながら笑つた。(21)

　これは，校長先生の表情が，狸のような眼であるとしている。また，校長先生としての役職上の建て前と，個人の本音を区別している箇所でもある。本音と建て前の使い分けが，狸というあだ名と関わっていると考えられる。

> ③すると狸はあなたは今日は宿直ではなかったですかねえとまじめくさって聞いた。なかったですかねえ，もないもんだ。二時間まえおれに向つて今夜ははじめての宿直ですね。御苦労さま。と礼を言ったじゃないか。校長なんかになるといやに曲がりくねつた言葉を使うもんだ。(35)

　これは，校長先生が，遠回しに「おれ」を批判している箇所である。前者は疑問文であるが，後者は否定文である。実際の言葉の意味と，本当に伝えているメッセージとが一致していない言動である。

> ④教育が生きてフロツクコートを着ればおれになるんだといわぬばかりの狸もいる (82)
> ⑤校長なんて狸のような顔をして，いやにフロツクばつているが存外無勢力なものだ。虚偽の記事を掲げた田舎新聞一つあやまらせることができない。あんまり腹がたつたから，それじゃ私が一人で行つて主筆に談判すると言つたら，それはいかん，君が談判すればまた悪口を書かれるばかりだ。つまり新聞屋にかかれたことは，うそにせよ，本当にせよ，つまりどうすることもできないものだ。あきらめるよりほかにしかたがないと，坊主の説教じみた説諭をくわえた。(129-130)

　これらも先と同じである。校長先生は狸であるが，その理由は，普段はもつともらしい言動をしているが，事が大きくなるのを極端に嫌う。事なかれ主義で，本音では物事をうやむやに収束させてしまおうと思っている。そのようなところが狸である。
　以上，あだ名が，校長先生のパーソナリティに関連すると考えられる記述を

要約すると次のようになる。

①具体的特徴や表情が動物の狸に似ている。そのため，狸に見立てたあだ名になっている。パーソナリティ面に関しては，表情が読み取りにくいニュアンスがあるとして，性格的特徴の見立てがなされている。あだ名の命名方略は，「身体的特徴の見立て」「性格的特徴の見立て」である。
②都会的な職業人としての建前あるいは本来あるべき姿と，実際の普段の姿が使い分けられている。これは，「性格的特徴の見立て」であり，このことは，次の赤シャツと区別される。

3-2. 赤シャツ＝教頭先生

教頭先生は校長を補佐する管理職であり，学校内での第2番目の責任者である。

作者の夏目漱石は，教頭先生のことを，「赤シャツ」のような人物として読み進んでほしいと考えている。ただし，「赤シャツ」といってもわかりにくい。これは，好んで赤いシャツを着用するような心，価値観の人ということである。命名方略としては，「衣服などの装いの特徴の指摘」としておく。

学校には，現代でも赤シャツを身に着ける教師はそれほど多くない。当時は

図1-2 挿し絵にあらわれた教頭先生＝赤シャツのイメージ
ⓒ NIPPON ANIMATION CO., LTD.
（出所：『アニメ日本の名作 坊っちゃん』金の星社，1996, p.49）

なおさらだろう。だから，この教師はかなり目立つ。本人もそれを意識して，自分が何者であるのかを他者に誇示しようとしている。教頭先生という人物は，キザで格好や外見をひどく気にする人なのである。そして，赤いシャツは学校現場では目立つのであるが，本人はそれを誇示しているのである。

イラスト図1-2は，教頭先生の人物画である。メガネをかけている。やせている。髪の毛が多い。堂々とした髭である。身なりに気を使っている。メガネは読書で目を酷使したものとして，当時のインテリ（知識人）のシンボルなのかもしれない。

次に，文章による赤シャツの特徴をみていく。

> ①妙に女のような優しい声を出す人だった。もっとも驚いたのはこの暑いのにフランネルのシャツを着ている。いくらか薄い地には相違なくっても暑いにはきまってる。文学士だけに御苦労千万ななりをしたもんだ。しかもそれが赤シャツだから人をばかにしている。あとから聞いたらこの男は年が年じゅう赤シャツを着るんだそうだ。妙な病気があったものだ。当人の説明では赤はからだに薬になるから，衛生のためにわざわざあつらえるんだそうだが，いらざる心配だ。(21-22)

この記述から，いつも赤いシャツを着ているという行動パターンによって，赤シャツというあだ名を付けたものと判断できよう。しかも，それは本人が意図している一貫した行動である。上記のように，「衣服などの装いの指摘」としておく。

> ②赤シャツは気味のわるいように優しい声を出す男である。まるで男だか女だかわかりゃしない。男なら男らしい声を出すもんだ。ことに大学卒業生じゃないか。物理学校でさえおれぐらいな声が出るのに，文学士がこれじゃみっともない。(45)

現在では受け入れられない考えかもしれないが，男は男らしく，女は女らしく振る舞うべきであるとみているようである。「おれ」にとって，赤いシャツは男らしくない服装なのである。しかし，それだけではない。「おれ」と違って，赤シャツは文学士である。「おれ」よりも学歴的には高等なのであると強く意

識している。その高等さが,「おれ」には奇怪千万,複雑怪奇である。本音と建て前,裏と表のある複雑な人物なのである。赤シャツは「おれ」にとって,理解を超えた人物なのであろう。だから,「おれ」は,それを曲者と呼んだのである。

> ③それ以来赤シャツは曲者だときめてしまった。曲者だか何だかよくはわからないが,ともかくもいい男じゃない。表と裏とは違った男だ。(中略)赤シャツのようなやさしいのと,親切なのと,高尚なのと,琥珀のパイプとを自慢そうに見せびらかすのは油断ができない,めったに喧嘩もできないと思った。(87-88)

校長先生も教頭先生も,本音と建て前,あるいは表と裏といった2面性を持っている。「おれ」には,この点は同じにみえる。ただし,この2人には違いがある。校長先生は,「おれ」が教師としての建て前を満たしていないという事を知っていて,気づかぬふりで校長としての訓辞を述べている。無理と知りつつ希望を述べている点で,まさしく狸である。他方,教頭先生も文学士というエリートとしての体面を保つための行動を行っている。それは,建て前,表の部分である。ところが,本音,裏の部分は,マドンナを略奪するという教頭先生の私的な部分にある。したがって,「おれ」には,教頭先生の人格的な表裏の大きなギャップが偽善的にみえるのである。これが,赤シャツと狸の違いである。

3-3. うらなり＝古賀先生

英語の古賀先生,数学の堀田先生,画学の吉川先生,この3名が先の校長先生や教頭先生と異なるのは,氏名がわかっている事である。そこで,担当教科,氏名,あだ名の3つがどのような効果を与えているのかをみてみる事にする。

うらなりを読み解く手がかりは,担当教科の英語,名前の古賀の2つである。英語の当時のイメージから考えてみると,英語という言葉から受ける印象は,「新しい」「現代的である」「明るい未来がある」。もちろん,人によって感じ方はいろいろだが,当時のいわゆる文明開化の時代では,古いものは時代遅れで役に立たず,新しいものは便利ですばらしいという風潮であった。古くて遅れている日本と比べれば,西欧は,はるかに進んだ便利な新しいイメージをもっ

て人々に受け入れられていた。英語は，そのシンボルでもあった。西欧に追いつき追い越すためには，英語を学び，それを道具として西欧の技術を習得していく必要があった。

　ところが，その英語を教える教師のあだ名がうらなりである。これは，いかにもミスマッチである。明らかに，うらなりというあだ名は英語の教師にはそぐわない。主役であるべき人が脇役でいるような，何か心理的に落ち着かない状態である。

　だから，多くの読者は，「おや，変だな」と思うだろう。このあだ名によって，読者は奇異な感じを受けるので，うらなりの事が印象に残る。そして，うらなりが舞台からひっそりと消えていき，やがて忘れ去られそうな予感を持たせる効果をもたらせる。

　①それから英語の教師に古賀とかいうたいへん顔色のわるい男がいた。たいがい顔の蒼い人はやせてるもんだがこの男は蒼くふくれている。昔小学校へ行く時分，浅井の民さんという子が同級生にあったが，この浅井のおやじがやはり，こんな色つやだった。浅井は百姓だから，百姓になるとあんな顔になるかと清に聞いてみたら，そうじゃありません，あの人はうらなりの唐茄子ばかり食べるから，蒼くふくれるんですと教えてくれた。それ以来蒼くふくれた人を見れば必ずうらなりの唐茄子を食ったむくいだと思う。この英語の教師もうらなりばかり食ってるに違いない。(22)

　「うらなり」の命名表略は，「身体的特徴の見立て」に近いものと判断できよう。

3-4. 山嵐＝堀田先生

　山嵐という人物を読み解く手がかりは，担当教科の数学科と，名前の堀田である。

　山嵐は，もともとは，山から吹いてくる強風の事である。図1-3のイラストもそうである。顔中が髭だらけである。むしろ，動物のヤマアラシ（porcupine）のようである。

　いずれにせよ，他者に対しては攻撃的，あるいは防御的である。ひっそりと育つ「うらなり」とは大違いで，対人関係，対人的働きかけが一方的に強いこ

図1-3　挿し絵にあらわれた山嵐のイメージ
ⓒ NIPPON ANIMATION CO., LTD.
（出所：『アニメ日本の名作　坊っちゃん』金の星社，1996, p.67）

とを想像させる。
　あだ名「山嵐」については，次のように書かれている。

　　①これはたくましい毬栗坊主で，叡山の悪僧というべき面構えである。(22)
　　②何がアハヽヽだ。そんな礼儀を心得ぬやつの所へだれが遊びに行くものか。おれはこの時からこの坊主に山嵐というあだなをつけてやった。(22)

　これにみる限り，山嵐と言うあだ名は，風貌や態度と関係がありそうである。しかし，別の視点もある。当時で言う山嵐は，柔道の投げ技，山嵐投げを連想したとの指摘がある。小説『坊っちゃん』における「山嵐」と会津（福島県）の関係を分析した本によると，山嵐とあだ名された数学教師の堀田先生のモデルは，講道館柔道の天才児である西郷四郎である（例えば，近藤哲『漱石と会津っぽ・山嵐』歴史春秋社）。西郷四郎は，会津若松の出身で，嘉納治五郎（1860-1938）の率いる講道館柔道の4天王の1人であった。彼は，富田常雄の小説『姿三四郎』のモデルとして有名である。小説『坊っちゃん』の中でも，「おれ」は「山嵐」に対して，「君の腕は強そうだな柔術でもやるかと聞いてみた」(102)などと尋ねている。

江戸っ子としての「おれ」，山嵐の背景にある会津っぽなるものは，薩摩・長州を中心とした明治新政府に対して特別な感情を持っていたと言えよう。したがって，これらのあだ名もまた，校長先生，教頭先生という学校内の権力者に対して特別な感情を持つ同行の士になっていく事が漠然と暗示される。

　それでは，数学という教科についてはどうだろうか。われわれの多くが知っている算数や数学では，ちょっとした計算ミスでテストの得点が減点される。式の証明などでは，論理的な思考を求められる。だから，理屈っぽい，理論的な，論理的な人物のような印象を持たせる。実際，この小説もまた，「山嵐」は妙に筋を通す人物として描かれ，物語が進んでいく。以上のような事から，あだ名の命名方略は，「身体的特徴の見立て」あるいは「性格的特徴の見立て」の2つの複合体と考えられよう。

3-5. のだいこ＝吉川先生

　画学とは，芸術系の科目であり，美術という教科の事と考えればよい。

　上記に引用した同書に出てくる顔の特徴では，目が小さく，口が大きく，まゆ毛が八の字になり下がっている。目が小さいという事は，相手に自分の意思が伝わりにくく，表情が読みとりにくい状態にある事になる。

　たいこもち（太鼓持ち，幇間）とは，酒宴などを盛り上げるような芸をする職業の男子の事である。転じて，へつらったりおべっかを使って人のご機嫌をとったりする者の事をも言う。sycophantである。「のだいこ」の「の（野）」は，野生（wild）の意味である。野うさぎ，野いちごなどと同じ用法である。洗練されていない，野暮ったい，田舎臭いといった，卑しめる意味で用いている。だから，「のだいこ」は，野暮ったくて，江戸っ子とは対極にいる田舎臭く粗野な「たいこもち」をあらわす。

>　①画学の教師はまったく芸人風だ。べらべらした透綾の羽織を着て，扇子をぱちつかせて，お国はどちらでげす，え？　東京？　そりゃうれしい，お仲間ができて……私もこれで江戸っ子ですと言った。こんなのが江戸っ子なら江戸には生れたくないもんだと心中に考えた。(22-23)

　ただし，たいこもちは，座の主役が誰かであるかはよく心得ている。のだい

こは,「赤シャツ」の追従者である。つまり,ここで,赤シャツこそが学校の主役である事が明らかになっている。「のだいこ」の位置が,学校内の勢力図を描いてみせている。実際,のだいこは画学の教師であり,他の教師と比べてはるかに構図の把握に優れている人物である。あだ名の命名方略は,「行動特徴・エピソードの指摘」あるいは,「性格的特徴の見立て」であると考えられよう。

3–6. マドンナ＝遠山のお嬢さん

ただ1人の女性に対するあだ名が,「マドンナ」である。マドンナ the Madonna は,聖母マリア（Virgin Mary）である。転じて,マドンナ madonna は,美しく清らかな婦人の事を指す。もちろん,未婚女性に対して,「マドンナ」というあだ名が付けられていて,美貌の人を連想させる。

『坊っちゃん』に出てくる「マドンナ」は,遠山という家の未婚の娘である。遠山の語は,遠くにみえる山を連想させる。この2つから,美貌の人であり,この人には近づけないほどの遠い距離があり,われわれには手が届かないというイメージも持たせる効果があるのかもしれない。命名方略は,主に「身体的特徴の見立て」と考えられよう。

ただ,「マドンナ」だけは,「坊っちゃん＝おれ」が付けたものではない。次のような説明がある。

> ①ここらであなた一番の別嬪さんじゃがなもし。あまり別嬪さんじゃけれ,学校の先生方はみんなマドンナマドンナと言うといでるぞなもし。(75)
> ②あだ名の付いてる女にゃ昔からろくなものはいませんからね。(76)

「坊っちゃん＝おれ」にとっては,謎めいていて,縁のない,そしてあだ名が付けにくい人物であったのかもしれない。

3–7. 坊っちゃんの2面性

坊っちゃんは,会話中に相手の男児の事を呼ぶ呼称でもある。したがって,この作品中の人物「坊っちゃん」は,2つの意味で使われている。

1つは，普通の呼び方で息子さんという意味の「坊っちゃん」である。これは，「坊っちゃん」の家にいた，清という老いたお手伝いさんから呼ばれる呼び名である。ご主人の息子だから「坊っちゃん」である。
　もう1つは，あだ名の「坊っちゃん」である。これは，次のような箇所に出てくる。

　　①「もう大丈夫ですね。じゃまものは追っ払ったから」まさしく野だの声である。「強がるばかりで策がないから，しようがない」これは赤シャツだ。「あの男もべらんめえに似ていますね。あのべらんめえときたら，勇み肌の坊ちゃんだから愛嬌がありますよ」「増給がいやだの辞表が出したいのって，ありゃどうしても神経に異状があるに相違ない」おれは窓をあけて，二階から飛び下りて，思うさまぶちのめしてやろうと思ったが，やっとのことでしんぼうした。(136)

　結局，「坊っちゃん」という人物は，清からはご主人の息子としてみられ，他方，松山の学校という職場では，「坊っちゃん」というあだ名を持つ性格，行動の人物として描かれている。
　もちろん，「おれ」は，自分のことを「坊っちゃん」と呼ばれるのは，あまりうれしくはない。その根拠は，お手伝いの清の視点から息子の「坊っちゃん」に対して書かれた部分に示されている。

　　②おれの来たのを見て起き直るが早いか，坊っちゃんいつ家をお持ちなさいますと聞いた。卒業さえすれば金が自然とポッケトの中にわいてくると思っている。そんなにえらい人をつらまえて，まだ坊っちゃんと呼ぶのはいよいよばかげている。(16)
　　③坊っちゃんは竹を割ったような気性だが，ただ肝癪が強すぎてそれが心配になる。——ほかの人にむやみにあだ名なんか，つけるのは人に恨まれるもとになるから，やたらに使っちゃいけない，もしつけたら，清だけに手紙で（以下略）。(80)

　他方，「のだいこ」から，あだ名として使われた「坊っちゃん」に関する記述は，次のようである。

④「あの男もべらんめえに似ていますね。あのべらんめえときたら，勇み肌の坊っちゃんだから愛嬌がありますよ」(136)

そして,「坊っちゃん」による自己分析はこうである。

⑤「親譲りの無鉄砲で子供の時から損ばかりしている」(6)

このように,「おれ」のことは，世間しらずで経済的にも世渡り的にも未熟な人物として描かれている。しかも，発達途上というわけではない。そのパーソナリティは変わらない性分だとみなしている。職場の同僚・上司からの蔑称は,「性格的特徴の指摘」という命名方略であると考えられる。

「坊っちゃん」自身は2つのあだ名「坊っちゃん」の両方を拒否している。また，自分の性格，生来の個性を，それなりに熟知している。その意味では，アイデンティティ（自我同一性）が，ここにはみあたらない。すなわち,「おれ」は，もっとも心情的に近い距離にあるお手伝いの清からは，息子的な呼称の「坊っちゃん」扱いをされている。学校という職場からは，蔑称のあだ名「坊っちゃん」としてみられている。これは，現在の生活，境遇が長続きしないという事，つまり職業（キャリア発達）の転職を連想させる。そして，竹を割った性格は本性なのであるから変わらない。つまりは，自己の発見，すなわち自分探しの旅を続けるはずなのである。

4. まとめ

『坊っちゃん』（夏目漱石）の登場人物のあだ名を分析する事により，当該人物の周囲の対人的な人間関係，当該人物への対人認知あるいは周囲からの人物像を読み解く事を試みた。このような効果を，作者の夏目漱石が意図したのかどうかはわからない。しかしながら，結果として，登場人物のあだ名の命名にはそれぞれの命名方略が説明されていて，それによって登場人物のキャラクターがはっきりと際立って記述されているという効果を持っていると考えられた。

考察においては，あだ名の命名方略を次のようにまとめた。

①狸＝校長先生 「身体的特徴の見立て」＋「性格的特徴の見立て」
②赤シャツ＝教頭先生 「衣服などの装いの指摘」
③うらなり＝古賀先生 「身体的特徴の見立て」
④山嵐＝堀田先生 「身体的特徴の見立て」＋「性格的特徴の見立て」
⑤のだいこ＝吉川先生 「行動特徴・エピソードの指摘」＋「性格的特徴の見立て」
⑥マドンナ＝遠山のお嬢さん 「身体的特徴の見立て」
⑦坊っちゃん＝おれ 「性格的特徴の指摘」（職場の同僚・上司から）

第 2 章

学校教師のあだ名に関する調査的研究

1. 問題と目的

　学校教師のあだ名の成立パターンがどのようになっているかを実態調査し，さらにその付け方の根拠を分類する事を目的とする。あだ名に関する研究では，精神分析的な研究，社会学的な調査はあるが，教師−生徒間の人間関係の文脈で詳細に整理・検討した本格的な報告はみあたらない。研究の主な目的は，（1）学校教師のあだ名を収集して命名方略を分類する事，（2）前章でみられた『坊っちゃん』の登場人物のあだ名の命名方略が，現代のあだ名の実態調査において確認できるかどうかである。

2. 方　法

2-1. 調査協力者と時期

　1998年3，4月および1999年4月に，2つの国立大学の3学部（理学部，工学部，教育学部），私立女子短期大学1校，公立高等看護学校1校の学生（男子117名，女子221名）に対して回答を依頼した。

2-2. 手　続

　調査は講義時間中の演習の一部として行った。手順として，回答用紙を配布して，これまでの出会った学校の教師のあだ名1件と，その教師の姓名と学校種（想起が可能な範囲で），そのあだ名が付いて定着した根拠・理由を尋ねて回答を依頼した。得られた回答の内，あだ名を付けられた人物が明らかに同一人物であった場合は重複分とした。それを除外したあだ名の数は合計297件であった。ただし，この数字には別人物であるが同一のあだ名である件数も含まれている。

3. 結　果

3-1. 分類のまとめ

　回答内容について筆者と1名の大学院生の2名で合議して分類・整理したのが表2-1である。左から，あだ名，あだ名が付いた教師の性別・学校種・担当教科，理由・根拠を一括して列挙した。類似の命名方略に関しては代表して示してある。以下，12の命名方略として分類を行った。

表2-1　学校教師のあだ名とニックネームに関する分類とその事例

あだ名	対象人物の性別・学種・担当科目	理由
分類1：　姓（名字）の変形（19.2%）		
テラ	女性　中学校［音楽］	寺田という名字の一部［一部省略］
カブ	女性　高校［保体］	甲山という名字の一部。自称は「カブリン」［一部省略］
竹うんこ	男性　中学校［社会］	名字の竹内が転じて［一部省略＋語頭・語尾付加］
たけちょん	男性　小学校［社会］	竹田という名字　［一部省略＋語頭・語尾付加］
ざねざね	男性　高校［化学］	名字が生実（いくざね）［一部省略＋反復］
きんきん	男性　高校［英語］	金牧という姓　［一部省略＋反復］
リンダ	男性　中学校［理科］	名字が林田なので［音読］
たびらー	男性　小学校［担任］	名字の田平［音読］
分類2：名前の変形（11.1%）		
あさちゃん	女性　小学校［音楽］	やさしく親しみやすいので名前 ［一部省略＋語頭・語尾付加］
しげっさん	男性　高校［世界史］	慕われていて［一部省略＋語頭・語尾付加］
やすべえ	女性　中学校［社会］	やすこ（？）に「べえ」を付加 ［一部省略＋語頭・語尾付加］
いっかん	男性　小学校［担任］	○○一寛（かずひろ）を音読み［音読］
ランラン	女性　高校［国語］	名前の蘭子（らんこ）の一部である「ラン」を反復 ［一部省略＋語頭・語尾付加］
分類3：分類3：姓と名前の変形（4.0%）		
タケチカ	女性　中学校［体育］	竹下ちかという名前の中略［一部省略］
ウラビデオ	男性　中学校［社会］	うら・ひでおの変形［語呂合わせ］
分類4：身体的特徴の指摘（14.1%）		
はな	女性　中学校［国語］	大きくモリモリした鼻［部位の指摘］
金歯	男性　高校［国語］	口に金歯がある［部位の指摘］
イボ	男性　高校［日本史］	薬の副作用で顔にイボ［部位の指摘］
モーミン	男性　中学校［国語］	モミアゲ［部位の指摘＋語頭・語尾付加］

モジャ	女性	中学校	［体育］	髪の毛がモジャモジャ［部位の修飾的指摘］
つるじー	男性	中学校	［理科］	禿げ，老人［部位の修飾的指摘＋語頭・語尾付加］

分類5：身体的特徴の見立て（25.9％）

ザビエル	男性	高校	［社会］	フランシスコ・ザビエルのような容姿［部位の見立て］
マリオ	男性	中学校	［英語］	ファミコンのスーパーマリオに似ている［部位の見立て］
まろ	男性	高校	［国語］	平安貴族にいそうな「ヌペー」とした顔，話し方，高い声［部位の見立て］
カマキリ	男性	中学校	［社会］	顔の輪郭，しぐさが似ている［部位の見立て］
キューピー	男性	高校	［世界史］	髪が薄く，顔が似ている［部位の見立て］
でめきん	男性	高校	［情報］	眼が出ていて金魚に似ている［部位の見立て］
もも	男性	高校	［数学］	自称は大村昆（おおむら・こん，俳優・タレント），桃屋の「江戸紫のり」（商品名）に貼ってあるイラストに似ている［部位の見立ての変形］
カバ女	女性	高校	［国語］	カバっぽい［部位の見立て＋語頭・語尾付加］
謎ちゅー	女性	中学校	［国語］	性別不明の中国人風の顔［部位の見立ての変形］

分類6：衣服などの装いの特徴の指摘（1.0％）

ポマード	男性	中学校	［理科］	整髪料きつい［装いの指摘］
ダンディー	男性	高校	［世界史］	ロマンスグレー［装いの指摘］
くさもち	男性	中学校	［技術］	くさい香水［装いの指摘＋語頭・語尾付加］
角べえ	男性	中学校の	［技術］	頭髪がいつも角刈り。角刈りに「〜べえ」が付加。［装いの指摘＋語頭・語尾付加］

分類7：衣服などの装いの特徴の見立て（3.0％）

クレちゃん	女性	高校	［歴史］	髪黒くおかっぱで原色系の服，クレオパトラ似［装いの見立て］
ヤクザ	男性	中学校	［体育］	パンチパーマ，サングラス，ヤクザ風［装いの見立て］
ごくさん	男性	中学校	［理科］	パンチパーマ，色メガネで極道ふう［装いの見立て＋語頭・語尾付加］

分類8：行動特徴・エピソードの指摘（7.1％）

アルカリ	男性	小学校	［理科］	赤いリトマス試験紙にその人のツバ（だ液）がとんで青になった［エピソードの指摘］
ヘモグロビン	男性	中学校	［理科］	「〜君，この酸素運ぶのは何や？」「わかりません」「そうやな，ヘモグロビンやね」となり，対応していない意図的なやりとりに爆笑したエピソードから［エピソードの指摘］
モルモル	女性	高校	［化学］	授業でmol濃度を繰り返し言う［行動特徴の指摘］

分類9：行動特徴・エピソードの見立て（0.7％）

ガス	女性	高校	［英語］	口がコーヒー臭い［行動特徴の指摘］

分類10：性格的特徴の指摘（1.0％）

おこごり	男性	高校	［国語］	粋（いき）がっている人で，「いきがり」が変形して「おこごり」に
ロンリー	男性	小学校	［担任］	ロリコン（ロリータ・コンプレックス）が転じてロンリーに

| ドラえもん | 女性 | 中学校［国語］ | 体型がぽっちゃりして性格もニコニコ，漫画のキャラクターに似ている |

分類11：性格的特徴の見立て（4.7％）
| 海亀 | 女性 | 中学校［音楽］ | 性格がそっくり |
| サンダー | 男性 | 高校［体育］ | 怒るとめちゃ恐い。雷の英語表記「サンダー」から |

分類12：上記で複合的なもの（7.7％）
ほそぷり	女性	高校［英語］	細川という名字で pritty かわいい（1＋5＋8）
ハゲロン	男性	高校［化学］	ハロゲン元素の時ハゲロンじゃないと注意する。禿げていて髪も薄い（4＋9）
カマキリ	男性	中学校［社会］	嫌われていて，顔の形が逆三角形（4＋10）

3-2. 姓（名字）の変形（分類1）

　分類1は，姓（名字）の変形である。1つ目であるが，「テラ」は，ある中学校「音楽」の女性教師の名字の一部である。寺田先生とか寺本先生とかに対してよく付けられる。同じパターンとしては，「カブ」があり，これは，ある高等学校「保健体育」女性教師の名字（甲山など）の一部である。

　2つ目に，この語尾に何かを付加した例もみられる。ここでいう「語尾」「語頭」とは文法用語として知られたものではなく，本書だけの使い方である。「たけちょん」は，竹田という名字の一部の「たけ」の後に，「ちょん」を付加したものである。「谷っちょ」も同じ原理であって，谷という姓に，「っちょ」を付加したものである。「～ちょん」「～っちょ」とは何かというと，おそらくは，「～ちゃん」が転じたのではなかろうか。これらは，名字の一部を省略したものの語尾に何かの単語を付加したパターンである。なお，語尾に付く「～ちょん」「っちょ」などは，感情評価語としては好意的，親和的，中性的な色彩が強いようにも見受けられる。しかし，これらに比べて，悪意・否定的な意味を付加する例もある。例えば，中学校「社会」の竹内（あるいは竹田，竹山など）という姓の男性教師のあだ名，「竹うんこ」の例がそうである。「うんこ」は大便のことであり，好意的な表現とは思えない。

　3つ目は名字の一部を反復するパターンである。「ざねざね」は，高等学校「化学」男性教師の例であり，姓が生実という事からきている。「ざね」を反復して，「ざねざね」になった。同じものの例として，例えば「きんきん」は，高等学校「英語」の男性教師に付けられたあだ名で，金牧という名字からきている。「か

ね」を「きん」と音読し，さらにそれを反復している。このように，これらは，名字の一部を省略し，それ（またはその音読を）を反復する事により成立したパターンである。

　4つ目として，音読の例がある。「リンダ」というニックネームは，中学校「理科」の男性教師に付けられた例であるが，これは，名字の林田を「りんだ」と一部音読したものである。「タビラー」というニックネームも同じ原理である。これは，小学校の男性教師の例であるが，姓の田平からきている。

　以上をまとめると，姓（名字）と関わるあだ名には，少なくとも，①一部省略，②一部省略＋語尾付加，③一部省略＋反復，④音読の4つのパターンのある事がわかる。

3-3. 名前の変形（分類2）

　1つ目は，名前の一部の語尾に何かを付加したものである。名字に関わるあだ名でみられた「一部省略＋語尾付加」のパターンが，ここでもみられる。例えば，「あさちゃん」は小学校「音楽」の女性教師で名前の一部からきている。「しげっさん」は，高等学校「世界史」の男性教師の「茂」の例である。

　2つ目に，性別を変えて付けられたあだ名もみられる。女性教師に付けられた「やすべえ」の場合には，「～やす子（漢字は不明）」という名前の「やす」に「べえ」という語尾が付加している。「べえ」は「太郎兵衛」「次郎兵衛」などと，男性の名前に付くのが通例であるから，女性の名前に付加させる事は，何か特別な意味があると考えられる。ただ，この問題は，ここではこれ以上は扱わずに先へと急ぐ。

　3つ目は，「音読」のパターンである。「いっかん」というあだ名は，小学校男性教師の例で，○○一寛を音読みしたものである。「びんこ」なども同じ原理であり，中学校「国語」の女性教師の例で，○○敏子という名前からきている。

　4つ目は，「一部省略＋反復」パターンの原理によるあだ名である。高等学校の「国語」担当の女性教師である○○蘭子という名前のあだ名は，「ランラン」であるが，これは，名前の蘭子の一部である，「ラン」を反復して，「ランラン」としたものである。

以上をまとめると，姓（名字）と関わるあだ名には，少なくとも，一部省略＋語尾付加，音読，一部省略＋反復のパターンがみられる。

3-4. 姓と名前の変形（分類3）

何かに似ているので転じたり変形する例もみられるし，また，長いので音読したり中略したりして短くするなどの操作をしている例もみられる。

「タケチカ」というあだ名は，中学校の「体育」の女性教師の例であり，姓名が「竹下ちか」からきている。姓の「たけした」の一部である「たけ」と，名前の「ちか」をくっつけたものである。これまでの姓のあだ名と名前のあだ名でみられた「一部省略」のパターンに合致している。「やまかん」も，同じ原理による命名である。ただし，「やまかん」には，意味として，ヤマをはって勘でまぐれ当たりを狙うという「ヤマ勘」の意味も兼ね備えているという。このような例では，かなり定着しそうなあだ名になっているとみられる。実際，かなりの具体的なあだ名が，この種の命名原理に依っている。

中学校「社会」担当の男性教師の例，「ウラビデオ」は，姓名が「うら・ひでお」で，音が似ている事から連想し作成された「裏ビデオ」の語呂合わせの産物であろう。以上，姓名の一部省略，語呂合わせの2つのパターンによるあだ名がみられた。

なお，ここまでの3つの命名方略による呼称は，あだ名というよりもニックネームである。本書では広義のあだ名に含めるが，愛称あるいはニックネームとする方が現状の運用に近いと考えられる。

3-5. 身体的特徴の指摘（分類4）

ここからは，直接的には姓名の音や意味とは無関係に発生したと思われるあだ名をみていく。身体（肉体）の特徴か衣服類の特徴かという点，見立てか指摘かという点の2つの組み合わせからなっていて，「分類4　身体的特徴の指摘」「分類5　身体的特徴の見立て」「分類6　衣服などの装いの特徴の指摘」「分類7　衣服などの装いの特徴の見立て」の4つである。

分類4：身体的特徴の指摘であるが，これは，単刀直入に外見上の気づきを指摘したあだ名である。「はな」というあだ名は，中学校の「国語」担当の女

性教師であり，大きくモリモリした鼻からきている。同様に，「金歯」という あだ名は，高等学校「国語」の男性教師で，口に金歯がある事からきている。「イボ」というあだ名は，高等学校「日本史」の男性教師の例で，薬の副作用で顔にイボができている事からきたという噂だそうである。いずれも，あまり好意的なあだ名ではない。

　もう1つのパターンは，さらに何かの印象や属性を付加した例である。例えば，「モーミン」は，中学校の「国語」の男性教師の例で，顔のモミアゲの部分の特徴に「ン」を付加したものである。この原理は，先の分類で，「一部省略＋語頭・語尾付加」として，「っちょ」「べえ」などが付加したパターンと類似している。

　3つ目は修飾的な表現と関わる。「モジャ」（中学校「体育」女性教師，髪の毛が常にもじゃもじゃの繁雑な状態）は，髪の毛がおびただしく多くて癖毛で「モジャモジャ」になっている事の直接的な記述である（なお，癖毛ではなく，もし整髪が容易であるなら，後述の分類6のカテゴリーに含める）。このように，部位の修飾的指摘は，次の分類の何かに見立てるパターンとは区別して用いている。

　「つるじー」というあだ名は，中学校「理科」担当の男性教師の例である。彼の禿頭が，頭髪が少なくてツルツルの状態である事の修飾的，記述的な指摘である。これに，老人の意味の「じい（爺）さん）」という語が転じて「じー」となった語が付加されており，部位の修飾的指摘＋語頭・語尾付加である。

　以上をまとめると，部位の指摘，部位の指摘＋語尾付加，部位の修飾的指摘，部位の修飾的指摘＋語尾付加の4パターンがみられる事になる。

3-6. 身体的特徴の見立て（分類5）

　上述の「分類4　身体的特徴の指摘」は，身体的・肉体的な外見上の特徴をそのまま直接的に指摘し，記述した事によるあだ名である。この「分類5　身体的特徴の見立て」とは，それを，何かに見立てたあだ名である。「何か」とひとくちに言ってもいろいろであるが，誰かの人物や物に類似しているとしたものである。

　「部位の見立て」に基づくあだ名は，外見上，身体的特徴が何かの動物，誰

かの人物，何かの（人間以外の）動物，物などに似ていて，それの類似性を強調して見立てたものである。「ザビエル」（高等学校「社会（歴史）」男性教師，髪の毛がハゲ，教科書に掲載されている宣教師の聖フランシスコ・ザビエル Francisco de Xaier のような容姿）は歴史上の人物である。マンガ，ビデオゲームのキャラクターとしては，「マリオ」（中学校「英語」男性教師，ファミコン®の『スーパー・マリオ・ブラザーズ』）などがみられる。

　似た例として，見立ての対象が特定できないが，それらしい人物，それらしいモノであるという例もみられる。例えば，「まろ」（高等学校「国語」男性教師，平安貴族にいそうなノッペリとした顔，話し方，高い声），「カマキリ」（中学校「社会」男性教師，顔の輪郭，やせている所が昆虫のカマキリ風），「キューピー」（高等学校「世界史」男性教師，髪が薄く，顔がキューピーマヨネーズ（商品名）のキャラクターに似ている）などがある。これも「部位の見立て」であろう。

　以上は顔や体全体の身体的な特徴であるが，もちろん，身体の一部分の目立つ特徴が何かに似ているとする例もみられる。「でめきん」というあだ名は，高等学校の「情報」の男性教師で，目が飛び出ていて風貌が金魚に似ている事からきている。

　「部位の見立て」に，さらに何かを付加したものもある。「カバ女」は，高等学校の「国語」担当の女性教師の場合であるが，風貌が動物のカバに似ている女性であるという。「カバ」という顔の部位の見立てに加えて，女性をあらわす「女」を付加している。「謎ちゅー」というあだ名は，中学校「国語」担当の女性教師であるが，「性別不明の中国人風の顔で何かあやしい」事からきているのだそうである（これは TV でよく出てくるようである）。これらは，「部位の見立て＋語尾付加」あるいは「語頭付加＋部位の見立て」のパターンであるとみられる。

　3つ目のパターンは，一例だけである。「もも」は，高等学校「数学」男性教師であるが，教師自身は自分でタレントの大村崑に似ているという。ところが，大村崑は，（株）桃屋の商品「江戸紫のり」の瓶に付いている紙のイラストにも出ていて，それで，（株）桃屋の「もも」となったという。

3-7. 衣服などの装いの特徴の指摘（分類6）

　分類6の「衣服などの装いの特徴の指摘」，分類7の「衣服などの装いの特徴の見立て」の2つは，先の身体的（肉体的）特徴の代わりに，服装などの表面的な特徴に着目したものである。身体的（肉体的）特徴と，衣服類の装いの特徴とを区別しているのは理由がある。それは，後述するように，衣類などの特徴は本人の意志で融通がきき，変更する事のできる特徴だからである。

　特徴の指摘と見立ての区別は，先ほどと同じ原理である。「分類6　衣服などの装いの特徴の指摘」についてまとめる。

　「ポマード」というあだ名は，中学校の「理科」担当の男性教師に対して付けられたあだ名である。その理由は，整髪料がきつい事からである。なお，この例は，先に出てきた「分類4　身体的特徴の指摘」によるあだ名「金歯」などと似てはいる。しかし，整髪料や化粧，サングラス，ジーンズのような服装などは，かなり容易に変更する事ができよう。このような理由で，「ポマード」というあだ名は，この分類カテゴリーに含めている。この変更可能という点にこだわるのは，あだ名がイジメ，人格攻撃の道具として使われる事を念頭においているからである。後述するが，もし，「角べえ」などという角刈りのヘアースタイルによるあだ名が，イジメの道具に使われたとしよう。その一番簡便な解決策は，角刈りをやめる事である。そうすれば，攻撃目標がなくなる。このような理由で，特徴が変更可能かどうかが重要になる。

　もう1つは，「装いの指摘」に語尾を付加したパターンである。例えば，「角べえ」というあだ名は，中学校の「技術」担当の男性教師の例である。この教師は，頭髪がいつも角刈りである。角刈りに「～べえ（兵衛）」が付加した例である。

3-8. 衣服などの装いの特徴の見立て（分類7）

　「クレちゃん」「クレオパトラ」とは，高等学校「歴史」担当の女性教師であるが，黒髪，おかっぱ，いつも原色系のカラフルな服で，教科書に出てくる古代エジプトのクレオパトラ（絶世の美女とされたクレオパトラ7世フィロパトル Cleopatra Ⅶ Philopator）に似ているとされた事からきている。なお，「クレちゃん」「クレオパトラ」は，一見すると，別の分類カテゴリーである「分

類 5 身体的特徴の見立て」の方に分類した方がよいと思うかもしれない。しかし，この分類 5 のカテゴリーは，肉体的な特徴であり，急激には変化しにくい特徴である。その点，「クレちゃん」「クレオパトラ」のあだ名では，髪型や洋服のファッションなどにかなりの重きがあるので，これは変えようと思えば変える事ができる。そこで，この分類カテゴリーに含めてある。

「ヤクザ」というあだ名は，中学校「体育」の男性教師で，頭髪がパンチパーマになっていて，色メガネで極道ふうのイメージを持つ事からきている。「ごくさん」は極道風であり，「さん」の語尾が付加されている。

3-9. 行動特徴・エピソードの指摘（分類 8）

分類 8 の「行動特徴・エピソードの指摘」は，行動上のエピソードや，行動や態度の特徴に関連するようなあだ名である。「分類 4 身体的特徴の指摘」と同様にして，ここでは，そのエピソードを指摘したものである。わずか 1 回のエピソードが周囲に大きな強い印象をもたらした例が多い。そのエピソードに言及するたびに，その時，現場にいた事が実感できるようなあだ名である。

あだ名「アルカリ」は，小学校の男性教師の例で，理科の時間に，赤いリトマス紙にその教師のツバ（唾液）がとんで青色に変色した事からきている。あだ名「ヘモグロビン」は，中学校「理科」担当の男性教師の例である。授業中での，次のようなおもしろいエピソードからきているという。

「教師：〜君，この酸素運ぶのは何や？」
「生徒：わかりません」
「教師：そうやな，ヘモグロビンやね」
（注：教師が，生徒の解答を無視して授業を進めているところがおもしろいのだという）

この時には，この教師の授業の進め方に対して，教室が大爆笑の状態になり，居眠りしていた連中も何があったかと驚き，目が覚めて起き出したという。この時から，この教師のあだ名が，「ヘモグロビン（hemoglobin）」となったらしい。

もう 1 つは，ある程度の反復のあるエピソードや行動と関わるようなあだ名である。これには，行動上の癖，習慣，価値観などが反映されている。例えば，

「モルモル」（高等学校「化学」女性教師，授業で mol 濃度を繰り返し言う）。

3-10. 行動特徴・エピソードの見立て（分類 9）

「行動特徴・エピソードの見立て」は，同様に，分類 5 の「身体的特徴の見立て」などにならったものである。エピソードや行動と関連していて，それを何かに見立てたあだ名の集まりである。例えば，「ガス」は，高等学校「英語」女性教師のあだ名であるが，これは，口がコーヒー臭い事からきている。これらは，行動傾向の特徴を指摘して，それを何かに見立てている。したがって，「行動傾向の見立て」によるパターンである。「マッハ」（Mach number）というあだ名は，高等学校「数学」担当の男性教師の例である。このあだ名は，授業の進め方が早い事に由来している。

3-11. 性格的特徴の指摘（分類10）

「性格特徴の指摘」は，かなり性格や価値観などと関わっている内容であって，それを指摘しているあだ名である。上述の分類 8 の「行動特徴・エピソードの指摘」と同様であり，その代わりに，性格や価値観などのような，かなり内面の部分で恒常的な特徴を述べている。

あだ名「おこごり」は高等学校の「国語」男性教師の例で，粋がった行動，格好や体面を無理に取り繕う人で，粋がっている「いきがり」が転じて「おこごり」になった。あだ名「ロンリー」は，小学校男性教師で，ロリコン（ロリータ・コンプレックス）的な行動が「ロリコン」となり，やがて転じて「ロンリー」になった例である。

3-12. 性格的特徴の見立て（分類11）

「性格特徴の見立て」は，上述の分類の「指摘」の代わりに「見立て」としたものである。ここまでと同様のルールによって分類カテゴリーを立てている。

あだ名「海亀」は，中学校「音楽」の女性教師で，性格が海亀にそっくり（？）であるという。あだ名「サンダー」は，高等学校の「体育」の男性教師で，怒ると非常に恐く，その性格を雷鳴の thunder のようであると見立てた事からきている。

3-13. 上記で複合的なもの（分類12）

　上記の分類のうち，複数の分類にまたがって関わっているあだ名がある。これには，単独の分類で説明できそうなあだ名もあり，また複数の分類案で説明した方がよいあだ名もあるが，ここでは，明らかに複合型の分類案とした方が適切なものを例示しよう。

　あだ名「ほそぷり」は，高等学校「英語」の女性教師で，姓が細川（「分類1　姓（名字）の変形」），容姿（「分類4　身体的特徴の指摘」）と性格も「かわいい pritty」（「分類10　性格的特徴の指摘」）からである。あだ名「ハゲロン」は，高等学校「化学」の男性教師である。授業でハロゲン元素の事を言う時に，ウケねらいで，「ハゲ（禿げ）ロン」じゃない「ハロゲン（halogen）」と自分で注意し（「分類8　行動特徴・エピソードの指摘」），もちろん当人の髪も薄い（「分類4　身体的特徴の指摘」）。

4．考　察

4-1. 目的1：命名方略の分類と機能（その1）

　以上のように，学校教師に関するあだ名を調査して12のカテゴリーに分類した。ここで要約しながら考察を加える。

　分類1から分類3は，姓（名字），名（名前），姓名（名字と名前）を変形した命名方略であった。あだ名というよりも，愛称としてのニックネームが多く，一部省略，一部省略＋語頭付加，一部省略＋語尾付加，音読などによる呼称とみられる。これは主として，初対面や未知の人たちへの心理的な距離を一歩進めて，より近しい対人的な距離間をとる場合に多くみられる呼称と考えられる。しかしながら，部分的には蔑称もみられた。

　分類4から分類7は，「身体的特徴の指摘」や「身体的特徴の見立て」，「衣服などの装いの特徴の指摘」や「衣服などの装いの特徴の見立て」であった。そこには，愛称になるあだ名もある一方で，蔑称になるあだ名もみられた。これについて考察を加える。

　これらの中には，身体的欠陥を指摘したりするあだ名もみられた。これは差別的で不適切な事である。その理由は，当該の人物が他者からあだ名を付けら

れて人格攻撃される状況は，その本人の力で打開・回避する事が，かなり困難だからである。

　あだ名を使った人格攻撃が望ましくない事は明らかである。分類4から分類7のうち，「身体的特徴の指摘」（分類4）および「身体的特徴の見立て」（分類5）の命名方略と，「衣服などの装いの特徴の指摘」（分類6）および「衣服などの装いの特徴の見立て」（分類7）の命名方略とでは，あだ名による人格攻撃の回避策は同様ではないだろう。

　一例をあげて状況を考えてみる。例えば，「ブタ（豚）」というあだ名があるとしよう。このあだ名は，「身体的特徴の見立て」（分類5）という命名方略に基づいて付けられたあだ名である。これは，普通，太った体型の人物に対して付けられる。細くやせた人物に付けられる事はほとんどない。「ブタ」というあだ名が付けられる事の意味は，本人が，周囲の人々から「ブタ」のような身体的特徴の人物であると認知されている事をあらわしている。そして，それが妥当ならば，このあだ名は定着する可能性が高いのだろう。そこで，もしも，本人が，「自分はブタは嫌いだ」「自分はブタじゃない」と考えるならば，「ブタ」というあだ名を拒否する事を考えるべきである。それにはいくつかの方略があるが，有望な方略の一つは，本人が，やせた体型に変化する事である。それによって，本人が太った体型の「ブタ」であると呼ばれる可能性は低くなるだろう。これは，『徒然草』の中の「堀池の僧正」の話と同じ解決方略である。「堀池の僧正」というあだ名は，この人の住んでいた僧舎のそばに大きな榎の木があった事に由来する。僧正はこれを嫌って，その木を切って，あだ名を命名する根拠の消失を試みた。このように，「ブタ」という身体的特徴に関する蔑称としてのあだ名を回避するには，そのあだ名の根拠をなくしてしまうのがひとまずの解決方略となる。

　もちろん，この方略が万能ではない事も明らかである。別のあだ名について検討してみよう。例として背の高い人物に，背が高い事をあらわす「ジャイアント giant」「ノッポ」などというあだ名が付いた時の事を考える。本人がそのようなあだ名が不快であると感じても，このあだ名を拒否する方略の選択肢は少なくなる。なぜなら，自分自身の身長を低くする事は無理であり，攻撃特徴をなくすという解決方略がないからである。

これら2つの例で明らかな事は，あだ名を拒否したい場合，そのあだ名の根拠が本人のコントロール不可能なものである場合には，それを拒否する選択肢が狭くなるという事である。その場合には，別の解決方略を考えないといけない。

4-2. 目的1：命名方略の分類と機能（その2）

「行動特徴・エピソードの指摘」（分類8），「行動特徴・エピソードの見立て」（分類9）はユニークなあだ名である。先の「アルカリ」「ヘモグロビン」「モルモル」「ガス」などといったあだ名は，あだ名を付けた人たちと付けられた人とが同じ場所，同じ時間にいて共有したエピソードが基礎になっている。これは，その場にいた人たちが，これらのあだ名を共有する事によって，お互いの心理的な連帯感を確認したり高めたりする効果を持つのである。もちろん，楽しい明るいエピソードばかりではない。逆に，そのようなあだ名が一生付いてまわるような不快で忌まわしいケースもある。

「性格的特徴の指摘」（分類10）と「性格的特徴の見立て」（分類11）の2つであるが，これらは人物の性格や素性を見抜くような機能を持つあだ名であり，人間の見方・捉え方を表現した産物である。学校社会では，この種の原理に基づくあだ名が存在するのである。このような原理に基づくあだ名によって，われわれは当該人物の知らない面に光を当てられて，知ったつもりになっていくのだろう。ただし，生徒が，教師に対してこのような原理に基づくあだ名を付ける事は，それほどは多くはないようである。小学生や中学生では，まだまだ教師の人物そのものに対する関心に目が向かない。あくまでも，子どもに対する教師という，教師の役割的な行動に視点が集中するのであろう。教師の人物そのものに関心が及ぶのはもう少し上級の学年になってからと思われる。

4-3. 目的2：『坊っちゃん』の命名方略の確認

前章の内容分析から得られたあだ名の命名方略を再掲すると次のようである。
①狸＝校長先生　「身体的特徴の見立て」＋「性格的特徴の見立て」
②赤シャツ＝教頭先生　「衣服などの装いの特徴の指摘」
③うらなり＝古賀先生　「身体的特徴の見立て」

④山嵐＝堀田先生 「身体的特徴の見立て」＋「性格的特徴の見立て」
⑤のだいこ＝吉川先生 「行動特徴・エピソードの指摘」＋「性格的特徴の見立て」
⑥マドンナ＝遠山のお嬢さん 「身体的特徴の見立て」
⑦坊っちゃん＝おれ 「性格的特徴の指摘」（職場の同僚・上司から）

本章で行った実態的調査から得られた12の分類との対比を行う。

「狸＝校長先生」は，分類5「身体的特徴の見立て」と分類11「性格的特徴の見立て」であった。

「赤シャツ＝教頭先生」は，分類6「衣服などの装いの特徴の指摘」であった。

「うらなり＝古賀先生」は，分類5「身体的特徴の見立て」であった。

「山嵐＝堀田先生」は，分類5「身体的特徴の見立て」と分類11「性格的特徴の見立て」であった。

「のだいこ＝吉川先生」は，分類8「行動特徴・エピソードの指摘」と分類11「性格的特徴の見立て」であった。

「マドンナ＝遠山のお嬢さん」は，分類5「身体的特徴の見立て」であった。

「坊っちゃん＝おれ」は，分類10「性格的特徴の指摘」であった。

以上より，『坊っちゃん』にあらわれたあだ名の命名方略は，本研究によって現在も使用されている事が明らかになったと結論できる。

4-4. まとめと次章以降の構成

学校教師のあだ名の成立パターンがどのようになっているかを実態調査し，さらにその付け方の根拠を心理学的な理論を基礎として分類した。主な分析の視点は次の2つであった。（1）学校教師のあだ名を収集して命名方略を分類する事，（2）前章でみられた『坊っちゃん』の登場人物のあだ名の命名方略が，現代のあだ名の実態調査に置いて確認できるか。

大学生他338名（男子117名，女子221名）から得られた合計297件のあだ名を以下の11の命名方略とその複合とに分類した。

「姓（名字）の変形」(19.2%，分類1)，「名前の変形 (11.1%，分類2)，「姓と名前の変形」(4.0%，分類3)，「身体的特徴の指摘」(14.1%，分類4)，「身体的特徴の見立て」(25.9%，分類5)，「衣服などの装いの特徴の指摘」(1.0%，

4. 考　　察

分類6），「衣服などの装いの特徴の見立て」（3.0％，分類7），「行動特徴・エピソードの指摘」（7.1％，分類8），「行動特徴・エピソードの見立て」（0.7％，分類9），「性格的特徴の指摘（1.0％，分類10），「性格的特徴の見立て」（4.7％，分類11），「上記で複合的なもの」（7.7％，分類12）。

　これらの中には，身体的なハンディキャップについて蔑称的で人格攻撃として使用するという望ましくないケースを含まれていた。そこで，その解決方略について考察を加えた。

　目的2は『坊っちゃん』の登場人物に関する命名方略であるが，「狸＝校長先生」は分類5「身体的特徴の見立て」と分類11「性格的特徴の見立て」，「赤シャツ＝教頭先生」は分類6「衣服などの装いの特徴の指摘」，「うらなり＝古賀先生」は分類5「身体的特徴の見立て」，「山嵐＝堀田先生」は分類5「身体的特徴の見立て」と分類11「性格的特徴の見立て」，「のだいこ＝吉川先生」は分類8「行動特徴・エピソードの指摘」と分類11「性格的特徴の見立て」，「マドンナ＝遠山のお嬢さん」は分類5「身体的特徴の見立て」，「坊っちゃん＝おれ」は分類10「性格的特徴の指摘」であった。以上より，『坊っちゃん』にあらわれたあだ名の命名方略は，現在の実態的な調査研究によっても学校現場で使用されている事が明らかになった。

　以下の3つの章については，前章の学校教師のあだ名に関する研究に続いて，ニックネーム（あだ名）を扱った1つのマンガ作品をテクストとする。そして第3章では，あだ名の分類とその機能に関する内容分析的な調査を行う。第4章では，この作品の読者があだ名をどのように評価しているのかを調査的方法によって明らかにしていく。最後の第5章では引き続いて追補的な調査研究を行って，第3章から第5章に関してのニックネーム（あだ名）が果たす心理学的な機能について総合的な考察を行う。

第 3 章

マンガ作品にみられるあだ名に関する内容分析
―『よいこ』(石川優吾) の事例研究―

1. 問題と目的

1-1. 研究目的の設定

　この章は，「第1章　文学作品にみられるあだ名に関する内容分析」と対をなすものである。第1章では約100年以上前の作品ではあるが現在も読み継がれている文学作品『坊っちゃん』を研究対象として，内容分析の作業の結果から，そこに描かれているあだ名と命名方略を抽出した。続く第2章では，得られたあだ名と命名方略が現代の現実的な学校現場においても普及・流布しているものかどうかを実態的に調査検討した。結果として，第1章で抽出したあだ名と命名方略が現在も変わらず使われている事が明らかになった。さらに，第1章で得られた以外の命名方略が多く見出された。

　この第3章の目的は，『坊っちゃん』から約100年を経た現在でも，学校現場で普及流布しているか否かを，購読者の大きい今日的なメディアによる作品の中で探求する事である。このような意味で，第1章と対をなし，第2章で得られたあだ名の命名方略の分類リストを補強するものである。

1-2. 全体の研究計画について

　この内容分析から得られた結果について，さらに踏み込んで学校現場への介入の実証的根拠を形成するために，あだ名が悪意を持って使われるケースの回避・克服策を検討していく基盤を整える。

2. 方法

2-1. 基本的な分析の手順

　第1章の『坊っちゃん』の内容分析で用いた手法に従う。

2-2. 調査対象とするマンガ作品

　学校場面においてあだ名（ニックネーム）を扱っている文学作品を探した。なるべく新しく，あだ名の数や種類が多く登場する作品を探したが，マンガ作

品として，「よいこ」（石川優吾）が発表されていたので，これを分析の対象とした。この作品は，青少年むけ雑誌『ビッグコミック・スピリッツ』（小学館）に連載された作品である。そのうちの，あだ名（ニックネーム）を題材とする部分のみを分析の対象とした。該当箇所は，1999年2月15日号（11号）に初出，後の単行本では第8巻 pp.5-20に掲載されている。

2-3. あらすじ

　主人公は，市立とんぼり小学校5年3組女子の江角風花ちゃんで，女子大生と間違うほどの体格と風貌である（プロフィールは，身長163.5cm，B83，W56，H86）。あだ名は「おっぱい」である。このクラスでは4月に担任の野口沙英子先生から，あだ名禁止令が出ていた。ある時，その理由を知らされていない子どもたちの間で，お互いにあだ名を付けようという事になる。最初は，子どもどうしで，各自があだ名を自称するが，それらのあだ名についてクラスメートからの同意が互いに得られず，定着しない。やがて，あだ名禁止の有無を議論する途中で，クラス担任の野口先生が感情的にキレてしまい，逆に，この担任の先生が自ら子どもたちに対して悪意のあるあだ名を付けまくり，教室は大混乱になる。

2-4. 手　続

　マンガの作品中に表現された登場人物の会話内容に注目し，あだ名に関わる箇所を抜き書きした。内容分析したところ，担任があだ名を禁止した理由，担任が子どもたちに対して付けた具体的なあだ名の2点についての記述が認められた。以下に，それらをまとめた。抜き書きの分類に関しては2名の大学院生が正しく分類されている事を確認した。

3. 結　果

3-1. あだ名禁止の理由

　担任があだ名を禁止した理由を抽出したところ，以下のようになった。

①先生が学生の頃，クラスに坂田君っていう子がいたんだけれど……みんなに「アホの坂田」と呼ばれていたのよ。
②坂田というだけでアホ呼ばわりされてかわいそーだと思わないのォ!?
③キミ達には，まだわからないと思うけどニックネームって一生ついてまわるのよ！
④小関君も嫌でしょ，大人になってまでそんな変な呼び方されたら!!

　この4箇所は，いずれも担任自身の過去経験と関わる。担任が学生の時に，クラスに坂田君という男子学生がいた。この坂田君は姓が坂田である事から，「アホ」を売りとしているコメディアンの坂田某氏になぞらえて，「アホの坂田」と呼ばれた。もちろん，この坂田君は，「アホの坂田」とは無関係であり，知的にも「アホ」ではないのであろう。実際，マンガの後半部分で，担任の野口先生は，「アホの坂田」と呼ばれた坂田君に好意を持っている事が説明されている。この命名方略は，「身体的特徴の見立て」（分類5）であると考えられる。

3-2. 担任が子どもたちに対して付けたあだ名

　担任が，クラスの子どもたちに対して，悪意のあるあだ名を意図的に付けていった箇所は，次のような発言の後であった。

・だいたい，みんなニックネームの意味がわかってないのよ。その人の特徴を端的にとらえたものでないと，その人ってわからないでしょ。
・それじゃ，まず特徴のある人から……

　担任は，このような方針で，次々に子どもたちに対してあだ名を付けていった。そこで，その部分を抜き書きして表3-1にまとめた。通し番号の1，3，6，14についてはマンガの描画から推論される理由をまとめた。それ以外の番号に関しては，マンガの中で担任の野口先生が説明しながらあだ名を付けたので，その理由を引用して表にまとめた。
　なお，作品中に描かれている学級の子どもたちの容貌については図3-1，図3-2，図3-3のようである。担任によるあだ名の命名方略の根拠がわかりやすく容貌として描かれている。

図 3-1　松村君, 岩々君, 中山さん, 田中君のイメージ (『よいこ』より)

図 3-2　中村君のイメージ (『よいこ』より)

図 3-3　小関君のイメージ (『よいこ』より)

3-3. 命名方略の分類

　これらのあだ名が付いた理由・根拠, すなわち命名方略は, マンガの作品の中ではっきりと担任の口から説明がなされている。そこで, その発言を作品中から抽出して, 実態調査の結果に基づいて整理した第 2 章の分類カテゴリーに照らした分析を行った (表 3-2)。

表 3-1　担任がクラスの子どもたちに付けたニックネーム

	姓　名	あだ名	理　由
1	江角風花ちゃん	乳お化け	説明なし。（胸が大きいからか？）
2	江角風花ちゃん	ガリ・バー子	背が高いからガリバーで，女の子だから「子」を付けた
3	松村君	白ブタ	説明なし。（色が白く，肥満体だからか？）
4	岩々君	食中	この前，お家の鮮魚店が食中毒出したから
5	中山さん	外国人	髪が自然茶髪だから
6	田中君	メガネザル	説明なし。（メガネをかけたサルのような顔だからか？）
7	中村君	あそこの毛	天然パーマのチリチリ頭だから
8	ケンちゃん	チビA	クラスで一番のチビっ子だから
9	鹿島さん	チビB	クラスで一番のチビっ子だから
10	ケンちゃん	チビ夫	クラスで一番のチビっ子だから
11	鹿島さん	チビ子	クラスで一番のチビっ子だから
12	ケンちゃん	ちんちくりん	クラスで一番のチビっ子だから
13	鹿島さん	寸足らず	クラスで一番のチビっ子だから
14	小関君	歯抜け	説明なし。（前歯が一本欠けている顔だからか？）

注．担任が命名時に説明的発言をした部分を抜き書きした。1，3，6，14については説明的発言はないが，マンガの絵から判断した。

　通し番号1のあだ名「乳お化け」は，胸が大きいからであり，これは身体的特徴と関わる。命名方略は，「身体的特徴の指摘」「身体的特徴の見立て」のいずれかであるとみられる。ここで，「お化け」をどうみるかであるが，おそらくは，＜普通をはるかに超えている＞＜われわれ普通人とは違う＞＜異質である＞といったニュアンスを帯びているのであろう。大きなカボチャを，「お化けカボチャ」などと呼び，相手や対象を自分サイドから排斥し遠ざける用法と類似している。この考えに従うならば，「乳お化け」は，「乳」が「お化け」のように大きい事，すなわち，「身体的特徴の見立て」（分類5）による事例と考えられる。

　通し番号2のあだ名「ガリ・バー子」は，担任の説明によると，背が高いからガリバーであり，女の子だから「子」を付けたとある。ガリバーは，スイフト（Swift, J.）の作による小説『ガリバー旅行記（Gulliver's Travels）』からきたものであろう。大きいという事を，小説の中の架空の登場人物「ガリバー」に見立てたあだ名であるから，同じく，「身体的特徴の見立て」（分類5）による事例である。

　通し番号3のあだ名「白ブタ」に対しては，担任による言語的な説明はない

が，絵では，松村君は，色が白く，肥満体の人物として描かれている。「白」は「身体的特徴の指摘」（分類4）である。「ブタ」は太っている事の比喩であり，「身体的特徴の見立て」（分類5）である。したがって，「白ブタ」は「乳お化け」と同様に分類5による事例と考えた。ただし，両者の複合的なあだ名であるとみる事もできよう。

　通し番号4のあだ名「食中」は，自宅の鮮魚店が食中毒を出したからであるという。これは，「行動特徴・エピソードの指摘」（分類8）である。

　通し番号5のあだ名「外国人」は，髪が自然茶髪だからである。もちろん，これはいかにもステレオタイプ的認知であり微妙な問題を含んでいる。この「外国人」というあだ名は，髪の毛の特徴に着目して，それを見立てたあだ名であるから，「身体的特徴の見立て」（分類5）である。

　通し番号6のあだ名「メガネザル」に関しては，命名方略に関する説明がない。ただ，絵では，メガネ（眼鏡）をかけたサル（猿）のような顔として描かれている。「メガネ」は「身体的特徴の指摘」（分類4）であり，「サル」は「身体的特徴の見立て」（分類5）である。したがって，「メガネザル」は「身体的特徴の見立て」（分類5）か，あるいは両者の複合的なあだ名であるとみられる。

　通し番号7のあだ名「あそこの毛」は，担任の命名理由によると，天然パーマのチリチリ頭である。これは，「身体的特徴の見立て」（分類5）である。

　この他，以下の通し番号8〜12までの5つのあだ名は，命名の理由がまったく同じであり，クラスで一番のチビっ子だからという身体的な特徴を，そのまま指摘したものである。すなわち「チビA」「チビB」のA，Bは，「その1」「その2」のような番号・記号である。「チビ夫」「チビ子」は男か女かの性別の区別でしかない。チビは，おそらく「禿び」という俗語である。これらは，「身体的特徴の指摘」（分類4）に含まれると考えられる。「チビ」というあだ名は，時として好意的な場合に使う事もあるが，あだ名「ちんちくりん」「寸足らず」は，かなり悪意のある蔑称のニュアンスがある。これらも，身体的特徴をそのまま指摘したものであると言えよう。

　最後の通し番号14のあだ名は「歯抜け」である。これも，身体的特徴をそのまま指摘したものであるから，「身体的特徴の指摘」（分類4）に含まれる。

　以上の分析を，表3-2としてまとめた。これらを一覧すると，特徴として，

第3章 マンガ作品にみられるあだ名に関する内容分析

表3-2 マンガ「よいこ」にあらわれたあだ名と命名原理

	あだ名	命名の原理（分類カテゴリー番号）
1	乳お化け	身体的特徴の見立て（分類5）［＋身体的特徴の指摘（分類4）］
2	ガリ・バー子	身体的特徴の見立て（分類5）
3	白ブタ	身体的特徴の見立て（分類5）［＋身体的特徴の指摘（分類4）］
4	食中	行動特徴・エピソードの指摘（分類8）
5	外国人	身体的特徴の見立て（分類5）
6	メガネザル	身体的特徴の指摘（分類4）［＋身体的特徴の見立て（分類5）］
7	あそこの毛	身体的特徴の見立て（分類5）
8	チビA	身体的特徴の指摘（分類4）
9	チビB	身体的特徴の指摘（分類4）
10	チビ夫	身体的特徴の指摘（分類4）
11	チビ子	身体的特徴の指摘（分類4）
12	ちんちくりん	身体的特徴の指摘（分類4）
13	寸足らず	身体的特徴の指摘（分類4）
14	歯抜け	身体的特徴の指摘（分類4）

　その大半が「身体的特徴の指摘」（分類4）という命名方略によっていると言えるだろう。また，分離4以外のいくつかは，「身体的特徴の見立て」（分類5）という命名方略と関わっていた。例外は，「食中」という一例だけであった。したがって，この作品のあだ名は，3つの命名方略に基づいていると結論できよう。

4. 考　察

　あだ名に関する包括的な心理学的研究は，まだ開拓が不十分な領域である。序章でみたように，心理学関係の辞典や事典には専門用語として掲載されていない。性格の理論に関する専門書（例えば，Ewen, 1998），ステレオタイプ的認知に関する専門書などにも（例えば，Macrae, Stangeor, & Hewstone, 1996；岡・佐藤・池上，1999），まったく扱われていない。このような現状であるから，あだ名研究がなぜ重要な論点となるのかを，もう一度ここで略述しておく必要があるだろう。

　あだ名やニックネームは，人が人に対して与える呼称である。したがって，姓名を呼ばずに，ニックネームを使って呼ぶという事には，何らかの心理学的

な意味がある。その意味には，おそらく，その人がどんな人なのかという対人認知に関する思考の産物が含まれている。あるいは，呼ぶ人と呼ばれる人の心理的距離（大野木，2005）のような何かが反映されているのだろう。

あだ名が周囲で認知され定着していくのは，その人物が「そのようなイメージあるいは性格の人だ」と周りから評価されているからである。それゆえ，愛称のニュアンスを持つあだ名の人は親和的にみられており，蔑称のニュアンスを持つあだ名の人は排斥的・侮蔑的にみられている可能性が高い。

こう考えて論を進めていくと，どんな人がどんな人に対してどのようなあだ名で呼ぶのか，あだ名の命名方略や命名原理がどのようであるのかを追求する事は，対人関係の形成や対人認知の手がかりをつかむ事に役立つ。

このマンガに出てくるあだ名は，そのほとんどが蔑称である。他者を言葉で蔑視する人格攻撃の道具として扱われている。これを担任が用いるのはパワー・ハラスメント，アカデミック・ハラスメントの行為になる。したがって，あだ名の諸相を検討する事は，まさしく，これらの対人関係に関わる心理学的な機能を探る事に他ならない。

この作品でみられる14のあだ名は，小関君というクラスの子どもが語ったように，まさしく悪意のあるあだ名である。また，当初に担任の野口先生が説明したように，あだ名を付けられる立場からみれば嫌な気持ちになるあだ名なのである。大野木（1997）では，218名の女子学生を対象として，自由記述法によってあだ名の受容過程を探っている。その調査によると，命名者が学校の女子の場合，最初は当惑や驚きの感情が起こるが受容するにつれて次第に愛着を感じていくケースが多い。また，交渉や相談の上で合意に至って積極的に受容・普及するケースがある。一方，命名者が男子の場合，本人を無視してあだ名が普及するケースがある。異議申し立てによる変更や中止の交渉が成立しないと，不快感やあきらめの感情が起こる。場合によっては，命名者に対して悪意のあるあだ名を付けて反撃に出るケースがある。意図的かどうかにかかわらず，あだ名やニックネームを使った教室内のイジメやパワー・ハラスメントは，明らかに望ましくない事である。これを克服したり回避したりするには，どのような策があるだろうか。次の章では，学校の生徒に対して意識調査をする事によって，その打開策を探ってみる事にする。

第 4 章

児童のあだ名に関する調査的研究

1. 問題と目的

　先の第3章では，現代のあだ名をテーマとしたマンガ作品を事例研究的に内容分析した。得られたあだ名を命名方略に着目して分類すると，これまでに見出された分類方略によるあだ名が使われており，新たな命名方略によるあだ名は見出されなかった。

　抽出された14のあだ名はすべて担任による児童への蔑称であり，これはあだ名を使った人格攻撃，あるいはパワー・ハラスメントであった。

　本章では，このような人格攻撃的なあだ名の使用が望ましくないとする立場を取りつつ，読者がこの作品をどのように評価するかを調査的方法によって明らかにしていく。

　読者対象を決定するにあたっては，いくつかの選択肢があった。通常はマンガの登場人物が小学校5年生である事から，読者をマンガと同じ小学校5年生にする事が考えられた。しかしながら，本報告では，もう少し上級学年である高校生を読者対象とした。その理由は，（1）より上級の学年であれば少し距離を置いて冷静に考える事ができるのではないかという事，（2）研究倫理に関する問題，すなわちマンガと同じ学年の場合には実際の調査協力者のクラスの日常に介入して何らかの影響を与えるのではないかと懸念したためである。

2. 方　法

2–1. 予備調査の時期と対象

　自由記述による予備調査を行い，それに基づいて質問紙調査を実施した。

　1999年12月，筆者が授業担当する国立F大学の「心理学」関連科目で，工学部および教育地域科学部むけの授業時間を利用して実施した。4～5名単位の受講生にマンガ作品「よいこ」の該当個所を読んでもらい，A4版2枚の質問用紙への回答を個別に求めた。調査協力者は合計26名（男9名，女17名）であった。内容は，

　（1）先生が，子どもたちに対して付けたあだ名についてのあなた（読者）

の考え，
（2）これら14個のあだ名のうちでひどいと感じるのはどれか，
（3）皆はどんな気もちで，このマンガの主人公を「おっぱい」というあだ名で呼んでいると思うか，
（4）皆が「おっぱい」と呼ばないようにするための具体的なアイデアはあるか

であった。これらの結果をもとにして，本調査を計画した。

2-2. 本調査の時期と対象

　調査の回答協力者はF県立W高校1年生であり，時期は2000年3月であった。調査は同校の進路指導説明会の心理学関係のガイダンスに参加した受講生徒であり，学校サイドの了解のもとで実施した。ガイダンスは模擬授業の形式で実施され，その授業は筆者が大学で行っている授業の1つの具体例として行った。

2-3. 本調査の目的

　まず，マンガ作品「よいこ」を個々に読んでもらい，続いて質問用紙への回答を求めた。質問内容は大きくは3つであった。
　質問1：作品中のどのあだ名に対し，どの程度ひどいと感じるか
　質問2：あだ名の機能にはどのようなものがあるか
　質問3：嫌なあだ名を付けられた時にはどのように回避すればよいか
　参加した生徒の男女の人数に偏りがあったので，分析そのものに関しては男子生徒26名を除いた女子生徒101名分を対象とした。なお，この模擬授業では，調査に続いて生徒間でのグループ討論と発表も行ったが，その部分は本章の中には含めていない。

3．結　果

3-1. 作品中のあだ名をどう感じたか（質問1）

　質問1は，「先生が子どもたちに対して付けたニックネーム（あだ名）について，あなたの考えや気持ちを，あなたのもっとも気持ちの近いところを選ぶ

事によって回答して下さい」であった。選択肢は5件法で,「とてもひどい」「ややひどい」「どちらともいえない」「そんなにひどくない」「まったくひどくはない」のいずれかへ選択を求めた。

14のあだ名に対する評定の回答結果を百分率として表4-1に示した（5件法を3件法にまとめ直してある）。「ひどい」と評定されたあだ名を百分率の高いものから並べると,「あそこの毛」（96.04％）,「乳お化け」（91.08％）,「白ブタ」（86.14％）,「食中」「寸たらず」（ともに，84.16％）があがった。「ひどくない」と評定されたあだ名は高い順に「外国人」（27.72％）,「メガネザル」「歯抜け」（ともに，17.82％）などとなった。

なお，5件法の回答を5～1点と得点化して平均と標準偏差を算出した結果を表4-1の右端に示した。得点が高いほど「ひどい」と感じる程度を示す。平均値の4.00以上のあだ名を1つの目安として列挙してみると5つあり，それらは「あそこの毛」「食中」「乳お化け」「白ブタ」「寸たらず」となった。

次に同じ14個のあだ名に関して，新たに択一式で全体から1つを選ぶ回答を

表4-1　あだ名のひどさの評定（回答頻度の百分率と平均値および標準偏差）

	あだ名	「ひどい」	「どちらともいえない」	「ひどくない」	平均値（標準偏差）
1	乳お化け（江角さん）	91.08	4.95	3.96	4.37 (0.75)
2	ガリ・バー子（江角さん）	67.32	16.83	15.84	3.73 (1.00)
3	白ブタ（松村君）	86.14	7.92	5.94	4.31 (0.85)
4	食中（岩々君）	84.16	11.88	3.96	4.39 (0.84)
5	外国人（中山さん）	47.52	24.75	27.72	3.25 (1.09)
6	メガネザル（田中君）	61.38	20.79	17.82	3.62 (1.04)
7	あそこの毛（中村君）	96.04	0.99	2.97	4.72 (0.68)
8	チビA（ケンちゃん）	72.28	13.86	13.86	3.76 (0.97)
9	チビ夫（ケンちゃん）	63.36	20.79	15.84	3.61 (0.98)
10	ちんちくりん（ケンちゃん）	73.27	10.89	15.84	3.82 (1.04)
11	チビB（鹿島さん）	73.27	14.85	11.88	3.79 (0.94)
12	チビ子（鹿島さん）	65.34	18.81	15.84	3.63 (0.97)
13	寸足らず（鹿島さん）	84.16	12.87	2.97	4.19 (0.81)
14	歯抜け（小関君）	60.39	21.78	17.82	3.55 (1.02)

注．「ひどい」の回答は「とてもひどい」「ややひどい」の回答合計,「ひどくない」の回答は「そんなにひどくない」「まったくひどくはない」の回答合計であり，本表は5件法による回答を3件法による回答に再整理して算出。右端の平均値は，5点から1点と得点化したものに基づく。

3. 結　果　69

表4-2　もっともひどいと感じるあだ名（回答頻度の百分率）

	あだ名	百分率
1	乳お化け（江角さん）	8.91
2	ガリ・バー子（江角さん）	0.99
3	白ブタ（松村君）	14.85
4	食中（岩々君）	24.85
5	外国人（中山さん）	0.99
6	メガネザル（田中君）	0.99
7	あそこの毛（中村君）	37.62
8	チビA（ケンちゃん）	0.99
9	チビ夫（ケンちゃん）	0.00
10	ちんちくりん（ケンちゃん）	0.99
11	チビB（鹿島さん）	0.99
12	チビ子（鹿島さん）	0.00
13	寸足らず（鹿島さん）	6.93
14	歯抜け（小関君）	0.99

注．表3-3と同一のあだ名について，択一回答を求めた場合。
1～14の合計100％。

求めたのが表4-2である。これは，「上の1～14のニックネーム（あだ名）のうちで，あなたがもっともひどいと感じるのは，どのニックネーム（アダ名）ですか。その番号を1つだけ，上の1～14の中から選んで，その数字で答えて下さい」として尋ねた。結果を表4-2に示すと，「あそこの毛」(37.62％)，「食中」(24.85％)，「白ブタ」(14.85％)，「乳お化け」(8.91％)などの順になり，これらのあだ名は，表4-1で得られた結果とほぼ同じ順序となった。このように，百分率，択一百分率，平均値のいずれもかなり類似した結果が得られた。

3-2. あだ名が付いた理由は何か（質問2）

質問2は，「この漫画の主人公，5年3組の江角風花ちゃんのニックネーム（あだ名）は『おっぱい』です。みんなは，どんな気もちで，『おっぱい』と呼んでいるのだと思いますか。次のうちで，あなたの考えにいちばん近いところを選んで回答して下さい」であった。選択肢は，「そう思う」「ややそう思う」「どちらともいえない」「ややそう思わない」「そう思わない」の5件法であった。表4-3に，あだ名が付いた理由の回答頻度の百分率を示す。

「思う」として同意回答の百分率の高かった項目を順に列挙すると，次のよ

表4-3　あだ名が付いた理由の評定（回答頻度の百分率と平均値および標準偏差）

	質　問　項　目	「思う」	「思わない」	平均値（標準偏差）
1	男子は主人公に好意を持っているので，気を引くためにわざと呼んでいる。	32.67	38.61	2.80（1.20）
2	皆に合わせてひどいあだ名で呼ばないと，次に自分が付けられるから。	23.76	61.39	2.35（1.25）
3	親しみの気もちをあらわすためにあだ名で呼んでいる。	27.72	57.43	2.44（1.30）
4	名前を呼ぶのは恥ずかしいので，わざとあだ名で呼んでいる。	19.80	61.39	2.26（1.24）
5	あまり深くは考えず，その人の目立つ特徴だから。	86.13	6.93	4.20（0.91）
6	「おっぱい」をスゴイと思っているから。	54.45	27.72	3.42（1.41）
7	あだ名で呼んで相手が嫌がるのが面白いから。	55.44	20.79	3.47（1.10）
8	かわいいことの別の表現としてあだ名で呼んでいる。	20.79	56.44	2.43（1.13）
9	あだ名で呼んで相手が嫌がると，自分に力があるような気がするから。	21.78	59.41	2.38（1.23）
10	あだ名で呼んで相手が嫌がると，自分の気もちがスッキリするから。	14.85	73.27	2.09（1.20）
11	皆が呼んで定着しているから。	84.15	5.94	4.17（0.83）
12	あだ名があるのに名前で呼ぶと自分が変に思われるから。	36.63	44.55	2.75（1.42）
13	かわいい子はいじめてみたいから。	35.64	32.67	2.98（1.17）
14	異性には名前を呼びにくいが，あだ名でなら声をかける勇気が生まれるから。	53.46	22.77	3.35（1.14）
15	いかにも体の特徴をよくあらわしているから。	69.30	9.90	3.78（1.02）
16	遊び心で呼んでいる。	86.13	5.94	4.21（0.86）
17	相手が気にして会話が生まれるきっかけになるから。	15.84	56.44	2.32（1.18）

注．「思う」の回答は「そう思う」「ややそう思う」の回答合計．「思わない」の回答は「ややそう思わない」「そう思わない」の回答合計であり，本表は5件法による回答を3件法による回答に再整理して集計．「どちらともいえない」の百分率は略してあるが，100%から「思う」「思わない」の合計を減じる事によって算出できる．右端の平均値は，5点から1点と得点化したものに基づく．

うになった．
　「16　遊び心で呼んでいる」（86.13%）
　「5　あまり深くは考えず，その人の目立つ特徴だから」（86.13%）
　「11　皆が呼んで定着しているから」（84.15%）

「15 いかにも体の特徴をよくあらわしているから」（69.30％）
「7 あだ名で呼んで相手が嫌がるのが面白いから」（55.44％）
「6 おっぱいをスゴイと思っているから」（54.45％）
「14 異性には名前を呼びにくいが，あだ名でなら声をかける勇気が生まれるから」（53.46％）

　続いて，表4-3の右端に，「そう思う」「ややそう思う」「どちらともいえない」「ややそう思わない」「そう思わない」の順に，5～1点と得点化して求めた平均値（標準偏差）を示す。平均値の高い項目は，項目番号の16，5，11，7，6，14となり，高い項目の順序は百分率の傾向と同じであった。

　次に項目間の関係を浮き彫りにするために，これらの項目について因子分析をおこなった。因子負荷行列を表4-4に示した。

　第1因子は，「9 あだ名で呼んで相手が嫌がると，自分に力があるような気がするから」「10 あだ名で呼んで相手が嫌がると，自分の気もちがスッキリするから」などに高い因子負荷量がみられた。これは，攻撃・支配の手段としてあだ名を使う事に関する内容であるから，「攻撃・支配の手段（蔑称）」の因子と解釈した。

　第2因子は，「13 かわいい子はいじめてみたいから」「8 かわいいことの別の表現としてあだ名で呼んでいる」「1 男子は主人公に好意を持っているので，気を引くためにわざと呼んでいる」などに高い因子負荷量を示した。これは，好意・親和の表現としてあだ名を使う事に関する内容であるから，「好意・親和の表現（愛称）」の因子と解釈した。

　第3因子は，「5 あまり深くは考えず，その人の目立つ特徴だから」「11 皆が呼んで定着しているから」といった項目に因子負荷量が高かった。これは，流行・普及している呼称であるからそれに同調しているといった内容であるとみられる。そこで，「流行・普及への同調」に関する因子と解釈した。

　第4因子は，「4 名前を呼ぶのは恥ずかしいので，わざとあだ名で呼んでいる」「12 あだ名があるのに名前で呼ぶと自分が変に思われるから」に負荷量が高く，「心理的距離の解消」に関する因子と解釈した。

表 4-4 あだ名が付いた理由に関する因子分析（バリマックス回転後の因子負荷行列）

質問項目	F1	F2	F3	F4	共通性
第1因子「攻撃・支配の手段」（蔑称）					
9　あだ名で呼んで相手が嫌がると，自分に力があるような気がするから。	0.76	0.08	−0.03	−0.02	0.59
10　あだ名で呼んで相手が嫌がると，自分の気もちがスッキリするから。	0.74	−0.01	0.13	−0.03	0.57
2　皆に合わせてひどいあだ名で呼ばないと，次に自分が付けられるから。	0.55	−0.05	−0.01	−0.25	0.37
7　あだ名で呼んで相手が嫌がるのが面白いから。	0.61	−0.03	0.17	0.15	0.43
第2因子「好意・親和の表現」（愛称）					
13　かわいい子はいじめてみたいから。	0.08	0.67	−0.16	−0.05	0.48
8　かわいいことの別の表現としてあだ名で呼んでいる。	0.05	0.66	−0.18	0.14	0.49
1　男子は主人公に好意を持っているので，気を引くためにわざと呼んでいる。	−0.00	0.58	−0.29	−0.06	0.43
14　異性には名前を呼びにくいが，あだ名なら声をかける勇気が生まれるから。	−0.13	0.49	0.15	−0.33	0.39
第3因子「流行・普及への同調」					
5　あまり深くは考えず，その人の目立つ特徴だから。	−0.08	−0.26	0.75	0.11	0.65
11　皆が呼んで定着しているから。	0.09	−0.14	0.47	−0.16	0.27
15　いかにも体の特徴をよくあらわしているから。	0.07	0.24	0.47	0.03	0.28
第4因子「心理的距離の解消」					
12　あだ名があるのに名前で呼ぶと自分が変に思われるから。	0.25	0.10	0.02	−0.84	0.77
4　名前を呼ぶのは恥ずかしいので，わざとあだ名で呼んでいる。	−0.05	0.07	−0.10	−0.41	0.19
残余項目					
3　親しみの気もちをあらわすためにあだ名で呼んでいる。	−0.24	0.31	−0.05	−0.01	0.15
6　「おっぱい」をスゴイと思っているから。	0.06	0.34	0.14	−0.05	0.14
16　遊び心で呼んでいる。	0.09	−0.02	0.32	0.11	0.13
17　相手が気にして会話が生まれるきっかけになるから。	−0.05	0.33	0.03	−0.08	0.12
因子負荷量の2乗和	1.99	1.94	1.35	1.15	6.43
累積寄与率		11.73	23.16	31.10	37.86

3-3. あだ名によるイジメを打破するアイデアの産出（質問3）

質問3は，場面想定法による質問であった。「江角さんは，『おっぱい』と呼

3．結　果　73

ばれて，とても困っています。みんなが『おっぱい』と呼ばないようにするためには，どうしたらよいでしょうか？　具体的なアイデアを出して下さい」であった。この質問には，自由記述による回答を求めたが，得られたアイデアは箇条書きが多かったので，筆者と大学院生1名が合議の上で整理・要約した。集計したまとめを表4-5に列挙した。

これらの分類は主観的な試みであるが，比較的，明確に整理する事ができた

表4-5　「おっぱい」と呼ばれないようにするアイデア（一覧表）

■相手に対してあだ名を拒絶する意思表示
（1）相手への直接的な反撃
・呼んだ人を叱る
・あだ名で呼んだ人にもひどいあだ名を付けて，あだ名は嫌だとわからせる
・呼んだら殴る
・呼ばれるごとに相手に注意する
・キレて相手をビビらせる
（2）相手への間接的な反撃
・本人が嫌がっていることを皆に伝える
・皆で話し合いをして解決してもらう
・他の人に呼ばないように頼んで流行らないようにする
・皆に嫌なあだ名を付けて，皆がもう嫌と思わせて呼ばせないようにする
（3）権威による抑制，反撃
・あだ名禁止令を出す
・先生に怒ってもらう
（4）情緒的な反撃
・ウソ泣きして大げさに「酷いわ」とか言ってみる
・陰で泣いているように思わせて皆の同情を引き，やめさせる空気を作る
・言われたら「フッ」と笑って，「子どもね」ぐらい言い返してみる

■あだ名による攻撃目標をあいまいにしたり混乱させる
（5）目標物の消失，迷彩化
・おっぱいを小さくする
・皆が牛乳を飲んで江角さんに負けない肉体を作る
・目立たないようにブカブカの服を着る
・周りの子にパットを付けまくるように頼む
（6）ラベルの置き換え
・自分で自分のあだ名を付ける
・他のあだ名を作る
・名前で呼んでもらう
・風ちゃんとか別のあだ名で呼んでもらう
・仲のいい子に違うあだ名を付けてもらって定着させる
・勉強，スポーツなど，「おっぱい」より目立つことをすればよい

■反撃・反抗せずに沈静化する態度
（7）時間的解決
・別に気にしない
・無視し続ける
・相手にしない
・へたに泣いたり反発せずに普通に受け入れる
・何をしても最後は時間に頼るしかない
・素直に返事をし続けて飽きさせる
（8）開き直り
・わざと胸を強調するような服を着て挑発して居直る
・開き直って自慢する
（9）あきらめ
・あきらめるしかない
・人の口に戸は立てられない

回答数　227件。主観的分類による。

ので，ひととおり概観しておく。全部で9つに分類する事ができたが，これは大きくは3つのイジメ対処行動として整理する事ができるのではなかろうか。

その1つは，相手に対してあだ名を拒絶する意志表示である。それらは，「（1）相手への直接的な反撃」「（2）相手への間接的な反撃」「（3）権威による抑制，反撃」「（4）情緒的な反撃」などであった。

2つは，あだ名による攻撃対象の目標をあいまいにしたり混乱させる事と関わっている。これには，「（5）目標物の消失，迷彩化」「（6）ラベルの置き換え」が見られた。

3つは，反撃・抵抗せずに鎮静化する態度と関連していた。すなわち，「（7）時間的解決」「（8）開き直り」「（9）あきらめ」であった。

4. 考　察

4-1. 作品中のあだ名をどう感じたか（質問1）について

得られた結果によると，「あそこの毛」「乳お化け」「白ブタ」「食中」「寸足らず」の5つが，ひどいと感じるあだ名（ワースト5）であった。これに対して，相対的にみて，ひどくないと評定されたあだ名は，高い順に「外国人」「メガネザル」「歯抜け」などとなった。この点について人格攻撃やパワー・ハラ

4. 考　　察

スメントの視点を考慮した考察を加える。

　あだ名の命名方略を第2章において分類整理し，第3章においてそれを調査検討した。さらに第4章において分類整理し，この第5章においてそれを調査検討した。これまでに明らかになった命名方略を適用すると，次のようになる。

　「あそこの毛」は，「身体的特徴の見立て」（分類5）という命名方略による。同じ命名方略によるあだ名としては，あだ名「外国人」があるが，この2つは少し対照的な結果となった。両者の相違について考えると，あだ名「あそこの毛」は下ネタであるのに対して，あだ名「外国人」は必ずしも不快なコトバではない。この違いが異なる回答結果を導いたのではないかと推察される。

　2つ目のワースト5のあだ名「乳お化け」も，「身体的特徴の見立て」（分類5）である。先に論じたように，「お化け」は異類，異形の者であり，このコトバは，集団からの排斥・拒絶を暗示する。「乳」は大きい胸という身体的特徴の指摘であるが故に，それに「お化け」を付加する事によって，われわれ学級集団の同質な仲間から排斥する意図を明示するのであろう。この排除の論理は仲間はずれというイジメにつながるので望ましくない事は明らかである。

　次にワースト5のうちの3つ目であるあだ名「白ブタ」に移る。この「白」「ブタ」いずれの言葉も，この年頃の子どもたちの男性イメージとは大きくかけ離れている。男らしさは「白」ではなく，日焼けした活動的な「黒」「褐色」である。男らしさはスポーツマンをイメージする筋肉質の体型に近いのであり，ポチャポチャした肥満体を連想する「ブタ」はそぐわない。つまり，このあだ名もまた，松村君の男性イメージを否定した，人格攻撃のコトバになっている。では同じ命名方略によるあだ名「メガネザル」と比べて，この方が高い百分率であるのはなぜなのかという事だが，解釈の1つを示すと次のようになる。近年，子どもたちの視力がかなり低下している。そして，かなりの子どもが，小学校段階でメガネを着用している。このようなわけで，メガネをかけた男児が「メガネザル」と呼ばれる事はそんなに珍しくない。珍しくないから疎外感が薄くなり，比較的，不快感が少なく回避されたのかもしれない。排除の論理が働かないあだ名なのであろう。

　残った3つのあだ名「食中」「歯抜け」「寸足らず」に移る。どうして「食中」がひどいのかについては，もっともらしい（plausible）理由がある。食中毒は，

子どもである岩々君が出したのではない。父親や母親の仕事上の問題である。だから，岩々君本人には直接的な責任はない。これは，子どもにとっては，トバッチリ，巻き添えなのである。それを，子ども自身の責任としてかぶせる事について悪意があると感じるのであろう。

最後はあだ名「歯抜け」「寸足らず」である。これらも悪意のあるあだ名ではある。ただし，この子どもの年齢段階では，歯はまた生えてくる。歯抜けは，おそらく一時的な状態である。このために，ひどいと感じる人が相対的に少なかったのではなかろうか。身長が低い事を示す「寸足らず」も同様ではあるが，こちらは必ずしも直ちに伸びる可能性は確かではない。

このように見てくると，本人の特徴に原因があるもののうち，本人自身の力ではどうしようもないもの，解決が相当に困難なもの（「あそこの毛」「乳お化け」「寸足らず」など）と関わるあだ名は，悪意があり不快感が強いと感じられる傾向があると言えよう。また，本人が気にしていそうな部分を取り上げて指摘したり，マイナスイメージを付加するあだ名（「白ブタ」「乳お化け」）を付ける事は，悪意があると受け取られる。他方，これに対し，将来的には確実に克服できるような現在の特徴（「歯抜け」など）に関しては，不快感はあるにしても多少とも軽減される傾向があるのだろう。

4-2. あだ名が付いた理由について（質問2）

表4-4の因子分析に関する結果からは，あだ名に関する4つの心理学的な機能が描かれた。1つは，攻撃・支配の手段としてあだ名を使うという機能である。言葉による暴力，蔑称としてあだ名を使っている。これは，先の第3章の内容分析において担任が命名時に説明した記述にあるように，人の特徴をつかんで悪意のあるラベルを付ける行為である。これは，本章の調査で明らかなように，ひどい，嫌な印象を与えるあだ名である。とくに本人のコントロールによって急激に改善・変更できない部分について言及する時には（例えば背の高低），そのあだ名は悪意あるイジメの道具となる。本人が追いつめられ，逃げ場がどこにもないからである。

他方，第2因子「好意・親和の表現（愛称）」は，まったく，これとは別である。親しさの表現としての呼称だからである。

第3因子「流行・普及への同調」，第4因子「心理的距離の解消」は，集団内の人間関係の内の同質性・異質性の意識（大野木，2005）と関わるかもしれない。みんながあだ名で呼んでいるのに，自分だけがあだ名で呼ばないのは異質であり目立つ。そのように呼ばないと，他人行儀で心理的な距離があるように感じてしまう。このような機能があだ名にはあるのかもしれない。

なお，この調査で得られたあだ名の機能は4次元であったが，もちろんこれは，あだ名の機能が4つしかないという事ではない。得られた結果は，マンガ作品「よいこ」を素材とした分析である事に依存している。

4-3. あだ名によるイジメを打破するアイデアについて（質問3）

不快なあだ名は，それが命名される以前の問題と，命名されて以後の問題とに分けられる。マンガ作品「よいこ」では命名後の解決が主題になっているので，ここでも，その点に限定して考えてみたい。

そもそも，あだ名が定着したり，定着しなかったりする過程は，どのようになっているのだろうか。これについての心理学的な説明は試みられていないが，もしも古典的な学習心理学の理論（Reynolds, 1975；佐藤，1976）を適用する事ができるのであれば，例えば次のようになる。

もっともらしい1つの解釈は，日常場面で人物の観察をした時に，その人について偶然に気づいた事をあだ名で表現したという事である。例えば，人物Aを動物Bに見立てたり，人物Aの身体的特徴を強調して指摘したりする事があるだろう。これは，特徴についての気づきであり，発見である。もしも，あだ名を付けるという表現上の発信反応に対して，それを周囲や当人が受容したならば，あだ名という言葉による発信反応は強化（reinforcement）する事になる。他方，そのあだ名が周囲から受け入れられなければ，そのあだ名の発信反応は定着しない（オペラント水準は低下する）。実際，マンガ作品「よいこ」においても，子どもたちの自称するあだ名は周囲の合意が得られず，定着しないのである。2つ目の解釈は，他者があだ名で呼ばれている事を観察する事から始まるとする同調行動である。もしも，人物Aがそのようなあだ名で呼ばれていて，人がそれに同調して同じあだ名で呼べば，その人はその集団にメンバー（成員）として参加していく契機が得られる事になる。これは，第3因子

「流行・普及への同調」，あるいは第4因子「心理的距離の解消」と関連しそうである。3つ目の説明は，マンガ，ＴＶ（テレビ）のようなメディアに接触する事によって，作品中や番組中の人物のあだ名をモデルとしてみならって普及するとみる事である。このプロセスは，観察学習／モデリング（Bandura, 1969; 1986）の事である。あだ名の定着や普及，伝播には，おそらく，このような少なくとも3つの過程が存在するのであろう。

さて以上で準備が終わったので，このような観点から表4-5を再度みてみる事にする。まず，「相手に対してあだ名を拒絶する意志表示」としてまとめた内容は，「（1）相手への直接的な反撃」「（2）相手への間接的な反撃」「（3）権威による抑制，反撃」「（4）情緒的な反撃」とあるように，あだ名で呼ぶという反応そのものを禁止・抑制しようとする行動である。古典的な学習心理学によれば，これは強化子あるいは罰の操作と大いに関わる。いずれにせよ，拒絶の意思表示が相手に確実に認知される事が必要と考えるのだろう。

2つ目の「あだ名による攻撃対象の目標をあいまいにしたり混乱させること」としてまとめた内容は，「（5）目標物の消失，迷彩化」「（6）ラベルの置き換え」とあるが，その人にあだ名で指摘した部分がなくなれば，あだ名はその人を特定しない呼称になるため，定着しないと考えるのであろう。

3つ目の「反撃・抵抗せずに鎮静化する態度」は，「（7）時間的解決」「（8）開き直り」「（9）あきらめ」であったが，これは，あだ名に対して，いちいち反応する事そのものが，呼ぶ人の反応を強化するという観点に立っているのだろう。

このように，これらは日常的な経験から生まれたアイデアであるが，いずれも古典的学習心理学や社会心理学の成果から解釈する事が可能となっている。

最後に，今後の残された課題について触れる。本調査の協力者は女子高校生のみであった。したがって，男子高校生あるいは異なる年齢の人たちに回答を依頼して，結果の一般化を確認しておく必要があるだろう。また，イジメ打破のアイデアについても，現実的な有効性についての意識調査などによる追求の必要があるだろう。

第 5 章

あだ名を拒絶する方途に関する調査的研究

1. 問題と目的

この章は，前章（第4章）の追補的な調査研究である。前章では，不快なあだ名を付けられた女子生徒（乳お化け）の意識調査を中心に検討した。すなわち，一種の場面想定法により，蔑称の意味を持つあだ名で呼ばれる側の立場からの回答を求め，その心理的な機能を検討した。また，このような不快なあだ名を回避・拒絶する具体的な打開策のリストを求めた。

この章では，あだ名で呼ぶ側に立って，得られたこの打開策の現実性に関する確認を行う。

2. 方　法

2-1. 調査回答の協力者と時期

2000年11月末に，F県立H工業高校電気科1年生39名（すべて男子生徒）に依頼した。第4章の追補的調査であり，手順はほぼ同様であった。

2-2. 質問内容と手順

調査依頼の教示はおおよそ次のようであった。「A高校1年生女子に，いまみなさんが読んだマンガを読んでもらい，その後で以下の質問に答えてもらいました。結果が次のようです（表5-1をみせた）。これをみてどのように思いますか。あだ名で呼ぶ事を止めさせるのに効果のある，よいアイデアかどうか，皆さんのご意見を聞かせて下さい」。回答は5件法で求めた。

3. 結果と考察

3-1. 効果的な項目の概観（百分率による）

表5-1に集計結果をまとめた。百分率は左側に，平均値による計算は右側に示した。

効果的なアイデアかどうかを百分率50％以上に着目してみてみると，百分率

3. 結果と考察

表5-1 「おっぱい」と呼ばれないようにするアイデアの評定
(回答頻度の百分率と平均値および標準偏差)

	「思う」	「どちらともいえない」	「思わない」	平均値 (標準偏差)
■相手に対してあだ名を拒絶する意思表示				
(1) 相手への直接的な反撃				
1 呼んだ人を叱る	62.9	31.4	5.7	3.86 (1.07)
2 あだ名で呼んだ人にもひどいあだ名を付けて、あだ名は嫌だとわからせる	48.6	31.4	20.0	3.43 (1.27)
3 呼んだら殴る	31.5	28.6	40.0	2.91 (1.44)
4 呼ばれるごとに相手に注意する	57.2	31.4	11.4	3.69 (1.12)
5 キレて相手をビビらせる	31.4	34.3	34.3	3.03 (1.30)
(2) 相手への間接的な反撃				
6 本人が嫌がっていることを皆に伝える	54.3	28.6	17.2	3.57 (1.23)
7 皆で話し合いをして解決してもらう	54.3	31.4	14.3	3.60 (1.20)
8 他の人に呼ばないように頼んで流行らないようにする	60.0	31.4	8.6	3.66 (1.01)
9 皆に嫌なあだ名を付けて、皆がもう嫌と思わせて呼ばせないようにする	25.7	37.1	37.1	2.80 (1.24)
(3) 権威による抑制、反撃				
10 あだ名禁止令を出す	25.7	31.4	42.8	2.60 (1.31)
11 先生に怒ってもらう	31.4	42.9	25.7	3.09 (1.23)
(4) 情緒的な反撃				
12 ウソ泣きして大げさに「酷いわ」とか言ってみる	22.8	45.7	31.5	2.89 (0.98)
13 陰で泣いているように思わせて皆の同情を引き、やめさせる空気を作る	34.3	31.4	34.3	3.03 (1.21)
14 言われたら「フッ」と笑って、「子どもね」ぐらい言い返してみる	54.2	28.6	17.2	3.60 (1.38)
■あだ名による攻撃目標をあいまいにしたり混乱させる				
(5) 目標物の消失、迷彩化				
15 おっぱいを小さくする	2.9	31.4	65.7	1.83 (0.97)
16 皆が牛乳を飲んで江角さんに負けない肉体を作る	37.1	42.9	20.0	3.40 (1.27)
17 目立たないようにブカブカの服を着る	37.1	42.9	20.0	3.29 (1.08)
18 周りの子にパットを付けまくるように頼む	20.0	48.6	31.4	2.80 (1.19)
(6) ラベルの置き換え				
19 自分で自分のあだ名を付ける	22.8	65.7	11.5	3.09 (0.87)
20 他のあだ名を作る	37.1	34.3	28.5	3.17 (1.25)
21 名前で呼んでもらう	85.7	8.6	5.7	4.37 (0.87)
22 風ちゃんとか別のあだ名で呼んでもらう	80.0	20.0	0.0	4.29 (0.78)
23 仲のいい子に違うあだ名を付けてもらって定着させる	71.4	25.7	2.9	4.09 (0.87)

24	勉強，スポーツなど，「おっぱい」より目立つことをすればよい	51.4	40.0	8.6	3.60 (0.96)
■反撃・反抗せずに沈静化する態度					
(7) 時間的解決					
25	別に気にしない	45.7	40.0	14.3	3.63 (1.22)
26	無視し続ける	25.7	40.0	34.3	2.83 (1.23)
27	相手にしない	45.7	28.6	25.7	3.31 (1.41)
28	へたに泣いたり反発せずに普通に受け入れる	34.3	42.9	22.8	3.23 (1.24)
29	何をしても最後は時間に頼るしかない	22.8	42.9	34.3	2.80 (1.21)
30	素直に返事をし続けて飽きさせる	31.4	42.9	25.7	3.17 (1.11)
(8) 開き直り					
31	わざと胸を強調するような服を着て挑発して居直る	51.4	25.7	22.9	3.60 (1.36)
32	開き直って自慢する	42.9	37.1	20.0	3.51 (1.25)
(9) あきらめ					
33	あきらめるしかない	14.3	42.9	42.9	2.51 (1.20)
34	人の口に戸は立てられない	11.5	54.3	34.3	2.66 (1.09)

注．「思う」の回答は「そう思う」「ややそう思う」の回答合計．「思わない」の回答は「ややそう思わない」「そう思わない」の回答合計であり，本表は5件法による回答を3件法による回答に再整理して集計。右端の平均値は，5点から1点と得点化。

の高い項目は11項目であった。これらを，前章の主観的分類によって整理すると，以下のようになった。

まず，「相手に対してあだ名を拒絶する意志表示」を概観する。

「(1) 相手への直接的な反撃」に関する項目について百分率の高い項目は，以下のようであった。

「1 呼んだ人を叱る」(62.9%)

「4 呼ばれるごとに相手に注意する」(57.2%)

「(2) 相手への間接的な反撃」に関する項目では，以下の項目が高かった。

「6 本人が嫌がっていることを皆に伝える」(54.3%)

「7 皆で話し合いをして解決してもらう」(54.3%)

「8 他の人に呼ばないように頼んで流行らないようにする」(60.0%)

「(3) 権威による抑制，反撃」では50%を超えた項目はみられなかった。

「(4) 情緒的な反撃」については，「14 言われたら「フッ」と笑って，「子どもね」ぐらい言い返してみる」があった。

次に,「あだ名による攻撃目標をあいまいにしたり混乱させる」に移る。
「(5) 目標物の消失,迷彩化」に関する項目は該当しなかった。
「(6) ラベルの置き換え」に関する項目では非常に高い項目がみられた。
「21 名前で呼んでもらう」(85.7%)
「22 風ちゃんとか別のあだ名で呼んでもらう」(80.0%)
「23 仲のいい子に違うあだ名を付けてもらって定着させる」(71.4%)
「24 勉強,スポーツなど,「おっぱい」より目立つことをすればよい」(51.4%)
次に,「反撃・反抗せずに沈静化する態度」に移る。
「(7) 時間的解決」該当項目はみられなかった。
「(8) 開き直り」に関する項目としては,「31 わざと胸を強調するような服を着て挑発して居直る」(51.4%)があった。
「(9) あきらめ」は該当する項目はみられなかった。以上の11項目について賛成の百分率が50%を超えた。

3-2. 効果的な項目の概観（平均値による）

これらのうち,さらに平均値が4.00を目安にして再確認すると,次のような3項目がみられた。
「21 名前で呼んでもらう」(4.37)
「22 風ちゃんとか別のあだ名で呼んでもらう」(4.29)
「23 仲のいい子に違うあだ名を付けてもらって定着させる」(4.09)

3-3. 効果の薄い項目の概観（百分率による）

次に,効果的と思わないという意見の顕著な回答項目について概観する。
1つの目安として,例えば「思わない」の回答が40%以上であったのは次の4項目であった。これらは,かなり非現実的な内容か,効果のない策とみなされた。
「3 呼んだら殴る」(40.0%)
「10 あだ名禁止令を出す」(42.8%)
「15 おっぱいを小さくする」(65.7%)
「33 あきらめるしかない」(42.9%)

3-4. 「どちらともいえない」の回答

　特徴の1つに，「どちらともいえない」と多く回答した項目がみられた。例えば40％以上を目安にすると，その数は11項目にのぼっていて，これらは3件法のカテゴリーでみても「どちらともいえない」が一番多かった。
　「11　先生に怒ってもらう」
　「12　ウソ泣きして大げさに「酷いわ」とか言ってみる」
　「16　皆が牛乳を飲んで江角さんに負けない肉体を作る」
　「17　目立たないようにブカブカの服を着る」
　「18　周りの子にパットを付けまくるように頼む」
　「19　自分で自分のあだ名を付ける」
　「26　無視し続ける」
　「28　へたに泣いたり反発せずに普通に受け入れる」
　「29　何をしても最後は時間に頼るしかない」
　「30　素直に返事をし続けて飽きさせる」
　これらは，具体的な事態，すなわち時と場所によって異なるとみられているのかもしれない。
　以上，第4章の追補的な調査として実施した表5-1の結果をみると，この男子生徒たちの意識としては，「どちらともいえない」とする回答が多くの項目でみられた事が特徴の1つとしてあげられる。「相手に対してあだ名を拒絶する意志表示」を全体としてながめると，ある項目群について効果的であるとする一方，別の項目には，「どちらともいえない」と回答する傾向がはっきりとうかがえた。「あだ名による攻撃対象の目標をあいまいにしたり混乱させること」に関する項目に対しても同様で，「どちらともいえない」とする回答がみられた。かといって，「26　無視し続ける」「28　へたに泣いたり反発せずに普通に受け入れる」「29　何をしても最後は時間に頼るしかない」「30　素直に返事をし続けて飽きさせる」などの，いわゆる「反撃・抵抗せずに鎮静化する態度」もまた，効果的であるともないともせず，むしろ「どちらともいえない」とみる向きがあった。これらは，先生個々人，クラスの雰囲気など，いろいろな要素によって変化する問題であり，なんとなく複雑で個別的な問題であると気づいているのかもしれない。

4．第3章から第5章のまとめ

　マンガ作品にあらわれたあだ名の果たす心理学的な機能を多面的に検討するために3つの研究を行った。第3章ではマンガ作品「よいこ」の内容を論理分析し，そこに表現されているあだ名の内容を心理学的に解釈しようとした。分析方法としては，マンガの作品中に表現された登場人物の会話内容について，あだ名に関する箇所を抜き書きして論理的に吟味していく方法をとった。抽出した14個の悪意あるあだ名を第2章の命名方略に基づいて吟味したところ，それらは，「身体的特徴の指摘」（分類4），「身体的特徴の見立て」（分類5），「行動傾向・エピソードの指摘」（分類8）の3つの命名方略に集中している事がわかった。

　第4章では同じマンガ作品「よいこ」を素材として，読者に対する意識調査を行い，読者がこの作品をどのように受け止め評価しているのかを調査的方法によって明らかにしようとした。女子高校生101名にマンガ作品「よいこ」を読んでもらい，その読後感に関する回答をいくつかの観点から求めた。14個の悪意あるあだ名のうちで，とくに悪質でひどいと感じるあだ名は，「あそこの毛」「食中」「乳お化け」「白ブタ」「寸たらず」などであった。予備調査から構成したあだ名の心理的機能に関する17項目の回答結果を因子分析したところ，「攻撃・支配の手段（蔑称）」「好意・親和の表現（愛称）」「流行・普及への同調」「心理的距離の解消」といった次元が認められた。また，あだ名によるイジメを打破するアイデアの産出を主観的に箇条書きして整理したところ，相手に対してあだ名を拒絶する意志表示として，「（1）相手への直接的な反撃」「（2）相手への間接的な反撃」「（3）権威による抑制，反撃」「（4）情緒的な反撃」，あだ名による攻撃対象の目標をあいまいにしたり混乱させる事として，「（5）目標物の消失，迷彩化」「（6）ラベルの置き換え」，反撃・抵抗せずに鎮静化する態度として，「（7）時間的解決」「（8）開き直り」「（9）あきらめ」と関連する34項目が得られた。

　第5章では，高校1年生男子生徒33名を調査協力者として，上記のあだ名打破のアイデアに対する9通り34項目についての評定を求めた。主な結果として，

「相手に対してあだ名を拒絶する意志表示」に関する（1）相手への直接的な反撃，（4）情緒的な反撃についての項目，あるいはあだ名による攻撃対象の目標をあいまいにしたり混乱させる，（6）ラベルの置き換え，あるいは反撃・抵抗せずに鎮静化する態度である，（8）開き直りに関する項目などについて，それが効果的であるという高い評価が集まった。しかし，「どちらともいえない」と回答する項目が非常に多く，この問題の複雑さをうかがわせる結果となった。

　次の第6章では，学校を離れて，親子関係における呼称（あだ名を含む）についてみていく。

第6章

女子青年からみた親子間の呼称と心理的離乳

1. 問題と目的

　矢野（1973）は，民族学的観点から，家族の発達とともに家族構成員が変化する時，相互の呼称がどう変わっていくかを実態調査している。横谷（2008）は，家庭内暴力と逸脱的な呼称の関連性に着目している。本研究におけるこのような周辺的研究からは，呼称が親子の心理的距離，すなわち心理的離乳に深く関連する可能性が十分に考えられよう。

　本章では，親子関係，とくに心理的離乳と呼ばれている親からの子の心理的な自立や独立の過程について，その過程があだ名を含むような呼称にあらわれているとみなして，その時期と心理的な状態を調査する方法によって把握する。

　本章の目的は呼称を手がかりとして，現在の呼称，過去の変化の時期，呼称の変化の理由を明らかにし，さらに心理的離乳や心理的距離の発達に関する子ども側からの意識を調査的に検討する事である。

2. 方　法

2-1. 調査時期と対象

　A県にある私立女子短期大学の後期授業科目2クラス（2006年後期と2007年後期）の受講学生に対して実施した。分析対象は，授業時間中に調査用紙を配布し回答を求めたうちの自宅通学生301名である。

2-2. 倫理的配慮

　親子間の呼称についての調査協力を求める事を前週に予告し協力を求め，家族に関する記述は名前に関する個人情報が含まれるので差し支えない範囲での回答協力でよい事を告げた。回答時間は約30分であった。

2-3. 調査項目

目的1に関する6つの質問項目：

　質問1：相互の呼称「自分と親との間でのお互いの呼び方は，普通，次のど

れですか」(10肢選択,選択肢は結果の箇所で後述)
質問2：呼び方の変化の時期「自分から父母への呼称が変化した時期はいつですか」(4肢選択,選択肢は結果の箇所で後述)
質問3：呼ばれ方の変化の時期「父母から自分への呼称が変化した時期はいつですか」(4肢選択,選択肢は結果の箇所で後述)
質問4：相互の呼称変化の理由「お互いの呼称が変わる理由は何だと思いますか」(自由記述)
質問5：心理的離乳への考え「子どもと親の関係は子どもの成長に伴って,どのように変化していくと思いますか。あなたの考えを書いてください」(自由記述)

3．結　果

3-1. 現在の相互の呼称（質問1）

表6-1に示すように，子どもから親へは「お父さん・お母さん」が一番多く（73.5％），「パパ・ママ」は7.4％であった。他方，親から子どもへは「呼び捨て」が一番多く（57.2％），ついで「～ちゃん・さん」（25.7％）であった。

表6-1　現在の相互の呼称（10肢選択）

百分率	対父母	対自分
42.9%	お父さん・お母さん	― 呼び捨て
22.3%	お父さん・お母さん	― ～ちゃん，～さん
8.3%	お父さん・お母さん	― あだ名，愛称
10.3%	おとん・おかん（おとう・おかあ）	― 呼び捨て
1.7%	おとん・おかん（おとう・おかあ）	― ～ちゃん，～さん
4.0%	おとん・おかん（おとう・おかあ）	― あだ名，愛称
4.0%	パパ・ママ	― 呼び捨て
1.7%	パパ・ママ	― ～ちゃん，～さん
1.7%	パパ・ママ	― あだ名，愛称
4.3%	その他	

表6-2　父母との間で相互の呼称が変化した時期（表示は人数）

↓父母への呼称の変化／→自分への呼称の変化の時期					
	中学生	高校生	現在	変わらない	合計
中学生	94（3）	15	3	20	132
高校生	14	19	1	11	45
現在	6	2	3	1	12
変わらない	18	8	2	84	112
合計	132	44	9	116	301名

注：小学生3名（相互同時に変化）は中学生に含めてある。

3-2. 相互の呼称変化の時期（質問2, 3）

　自分から父母への呼称が変化した時期（質問2）に関してもっとも多い時期は中学生期であった（43.9％）。ついで「変わらない」（37.2％）であった。

　他方，父母から自分への呼称が変化した時期（質問3）は，同様に中学生期が一番多かった（43.9％）。次は「変わらない」（38.5％）であった。この結果は，相互の呼称の変化は中学生期と，現在も変わらないとする2つが多い事，つまり2極化傾向がある事を示している。

　質問2と質問3に関するクロス集計表が表6-2である。CramerのVは0.42（$p<0.01$），カイ2乗検定は155.57（$p<0.01$, $df=9$）であり，両者には連関がみられた。

3-3. 相互の呼称変化に関する理由（質問4, 自由記述）

　お互いの呼称が変わる理由について自由記述を求め，その自由記述の文章から頻出するキーワードを選び出し，それを手がかりにして内容を論理分析した。

　この分類は主観的であり内容的な重複もみられるが，あえてそのまま分類してある。分類の結果は表6-3に示すように，「反抗期」「お互いの照れ」「対等の大人」「他者の目，暗黙の圧力，世間体」「気分，対人的スキル」「間合い，距離感」の6つであった。

3-4. 心理的離乳に対する考え（質問5, 自由記述）

　得られた回答20ほどについて記述の中に頻出するキーワードを抜き出した。

表6-3　相互の呼称変化の理由（要約の見出しと回答例）

1　反抗期だから
　（1）思春期に入ると反抗的な態度になってしまうから。
　（2）自分が反抗期の時など，特に父に対しては呼び方が変わったりする。相手もそうだと思うけど，気持ちの変化によって変わるのだと思う。
2　お互いの照れから
　（1）自分が思春期になり，お父さん，お母さんと呼ぶのが照れくさくなり，おとん，おかんと呼び方が変わった。親は反対に関わりを持とうとするので，あだ名を付けて呼び始めた。
　（2）中学になってから「パパ，ママ」と呼ぶのは恥ずかしいから。
3　対等の大人だから
　（1）私が小さい時は親に「～ちゃん」と呼ばれていました。今は，呼び捨てになり，そのきっかけは私が親に自分の意見を言うようになったことだと思います。小さい頃とは違い，対等な立場で話せるようになると，呼び方が変わるのだと思います。
　（2）親が自分を小さい子どもとしてみるのではなく大人としてみるようになったから。
4　他者の目，暗黙の圧力，世間体から
　（1）成長していく過程で，まわりから幼いと指摘され，恥ずかしく思ったりするから。
　（2）一番の理由は周りの環境だと思う。私は保育園の時，「パパ」「ママ」だったが，小学生の時にみんなが「お父さん」「お母さん」と言っていて，恥ずかしくなって直した覚えがあるからだ。もしみんなが「パパ」「ママ」だったら，中学か高校もしくは今になってもずっと呼び名は変わらないままだったからかもしれない。
5　気分，対人的スキル
　（1）短い方が呼びやすいため。
　（2）怒っている時は呼び捨てになってしまう。何か自分から頼む時はかわいらしく「～ちゃん」とか呼び捨てにならない。
6　間合い，距離感
　（1）子どもの反抗期によって親と間を取りたくなった時。
　（2）お互いの距離感が変わるから。子どもの方が親離れしていく影響が大きいと思う。

次に回答者ごとに，その語が書かれているかどうかを調べて頻度を数え上げた。作業に伴い新規に頻出するキーワードは加えた。以下の表6-4にはその百分率を示す。例えば「好意」が25.2％とは，回答者の25.2％が「好き」「好意」「好ましい」などの語を使っていた事をあらわす。すなわち表6-4の語は簡略化されていて，類似語を代表して掲載してある。例えば，「親密」には「親しい」を含めており，「疎遠」には「遠くなる」などを含めている。これらの語は，西平（1990），落合（1995），池田ら（2006）などの心理的離乳の説明に含まれる語とかなり共通しているので，彼らの論考が女子青年の素朴な心理的記述をていねいにカバーしている事がわかる。附表に実際の回答例をいくつか転記しておく。

表6-4　心理的離乳に関する記述にあらわれた語（数値は％）

好意	嫌悪	親密	疎遠	尊敬	軽蔑	既知	未知	関心	無関心	依存	独立	信頼	不信
25.2	40.9	54.5	29.9	70.1	16.9	4.7	9.6	27.2	24.3	48.5	51.5	60.1	12.0

4. 考　察

　はじめに結果を要約する。女子青年301名に対して親子の呼称やあだ名に関する質問紙調査を実施し，主として次の結果を得た。

　（1）子どもから親へは「お父さん・お母さん」，親から子どもへは「呼び捨て」が一番多く，呼称変化の時期は中学生か変化しないかの2極化傾向にあった。

　（2）呼称が変わるには理由があり，自由記述からは反抗期，お互いの照れ，対等の大人，他者の目・暗黙の圧力・世間体，気分・対人的スキル，間合い・距離感の6つの理由が得られた。

　（3）心理的離乳に関する自由記述には，好意，嫌悪，親密，疎遠，尊敬，軽蔑，既知，未知，関心，無関心，依存，独立，信頼，不信などの語が多く書かれていた。これにより，心理学的離乳あるいは親子の心理的距離の記述が，本調査の回答者の素朴な記述と概ね矛盾しない事が確認された。

　以下，考察を加える。心理的距離という概念は多くの研究で使われ，また別々の測定法によって研究が進められている（金子，1991）。心理的離乳と心理的距離は必ずしも同じではないものの，親子間の自立・独立と捉えられ，心理的離乳を心理的距離の語を使って説明していく事が選択肢の1つである事は間違いない。

　自由記述からは，呼称の変化の理由を心理的離乳の時期と関連させて回答するケースが多くみられており，心理的な距離感に関わる両者の関係を強く示唆する回答結果になった。

　お互いの呼称が中学生の年齢段階において劇的に変化する親子とそうではない親子がいる事は，青年期において自立と依存の両義的な関係がクローズアッ

プされてくるという青年心理学的なテーマと時期を同じくする。表6-3では，相互の呼称変化に関する理由がまとめられている。これは，呼称が変化する事に対する理由である。「反抗期」「お互いの照れ」「対等の大人」「他者の目，暗黙の圧力，世間体」「気分，対人的スキル」「間合い，距離感」の6つが抽出されている。つまり，対人的なコミュニケーションの開始を意味する呼称が上記のような理由で変化していくという事は，親子の双方が新しく相互の関係を確認する事に他ならない。呼称が，青年期の微妙に刻々と変化する青年期の親子関係のその目印（マーカー）になっている事を予想させるものである。これは，学校場面による生徒から教師へのあだ名と類似した呼称の機能と考えられる。

附表　心理的離乳への考えに関する回答者の回答例

質問6：「子どもと親の関係は子どもの成長に伴って，どのように変化していくと思いますか。あなたの考えを書いてください」（自由記述）。

（1）ケース1：NYさん（女性）　これは聞いた話であるが，私が生まれる時，父は会社の接待でゴルフに行っていなかった。そして，仕事から帰ってくるのも遅く，あまり父親と接する機会がなかったようだ。私が母親たちと母親の実家に遊びに行っていた時の事，後から迎えにきた父親をみて，私は祖父の元へ逃げたみたいだった。これは2歳ぐらいの時の出来事だが，私は自分の父親をはっきりと認識できていなかったようで，父親をみて知らない人だと思い，不信感を抱いていたみたいだった。この時の記憶はまったくないが，私は父親というものに無関心だったのかもしれない。

小学校，中学校とあがるにつれ，私は父親に対し，少し嫌悪感を抱いていた。というのは，私は父親と顔がすごく似ていて，みんなに似ていると言われるのがものすごく嫌だったのである。これは高校のはじめぐらいまでそうだった。

父親との関係に変化がみられたのは高3の時だ。受験が近づくにつれ，自分の進路を決定しなければならなかった時に，父親と話す機会が多くなった。私の母親は大学に行っていないため，父親にまかせっきりだったというのが1つの理由であるが，父親といろんな話をするようになり，それまであまり関心を持っていなかった父親の事を知り，尊敬の念を抱くようになった。それからと

いうもの，私は父親に対しては尊敬し，本当にまじめな人で話も聞いてくれるのですごく信頼している。この関係はこれからも続いていくと思う。

　このように私もそうであったが，思春期の時期は親に対して軽蔑，嫌悪，疎遠になったりと，マイナス面を持つ関係が構築されるだろう。これは子どもが成長していくにつれて，避けて通れないものであると思う。しかし思春期がすみ，大学生，社会人になるにつれて。だんだんと親の立場や気持ちがわかるようになってくる。もちろん，すべての家族においてそういえるわけではないが，親との関係の中に信頼感みたいなものが生まれてくるのではないかと思う。よって，全体的に関係は良い方向に変化していくとわたしは自分の経験から考えた。

　（2）ケース2：TAさん（女性）　小さい時はとにかくお母さん大好き。私は保育園でアルバイトをしていたのだが，母親の姿が見えなくなると泣き出す子はたくさんいる。しかし成長するにつれだんだん一人の時間を欲するようになり，母親が少し助言するだけで口うるさく感じてしまい，あまり話したくなくなる。そして親子の関係は遠くなる。しかし就職や進学するにあたって，なかなか自分の決断力だけでは決めかねる事があり，そこで親に相談してみたくなる。そこで信頼関係が生まれる。結婚はやはり親の承だくを受けてしたいもの。そして親から離れて独立し，新しい家庭をつくるという事でもある。親からは離れるが心の中ではつながっている。

　（3）ケース3：SRさん（女性）　子どもと親との関係は子どもが大人になってどんどん親以外の人々と関わるようになり，独立すると遠くなっていく。とくに私は女なので，異性の親に対してはあまり好意や親密さを持てずに早い時期から気持ちの上で離れていった。それは呼び方にも象徴されている。幼い頃は自分からみると親が一番尊敬でき信頼を寄せていたため，何をするにしても依存していた。大人になるにつれて，親以外の人に関心が向く事で，一緒にいたり話したりする時間が少なくなってくる。でもまだ大学生という社会的に未熟な人間なので，就職や結婚という未知の事になると，親を頼ってしまうのだろう。一度社会に出て，結婚をして子どもができると今度は自分が親として子どもとの新しい関係を取り始めるのだろうと思う。

第 7 章

総　括

第7章 総 括

　本書では，教師・生徒間や親・子間におけるあだ名を中心とした呼称について心理学的研究を行った。第1に学校や家庭でどのようなあだ名や呼称が使われ，それがどんな対人的な機能を持つのかを帰属理論やステレオタイプ的認知などの諸理論を適用しながら分類整理した。第2に蔑称的に対人的なイジメやパワー・ハラスメントの道具として使われるあだ名の命名方略のタイプとその解決策を教育・学習心理学や社会心理学的な理論を適用しながら検討した。

　序章では，呼称・あだ名の心理学的な位置づけを明確にした。まず，あだ名が，パーソナリティや対人的な人物評と深く関わる呼称の1つとして使われてきた事を『竹取物語』『徒然草』の中で確認した。『徒然草』の中では，不快なあだ名を周囲から付けられた人物が，そのあだ名を返上しようとして打開策を実行するが世間から付けられたあだ名を拒絶する事が困難であるという話がみられる事を確認した。これは，あだ名が対人関係における人物評価と密接に結びついている事の証拠として位置づけられた。
　しかしながら，辞典や事典の項目にはあだ名やあだ名の語は見当たらず，心理学の専門用語にはなっていなかった。心理学に関する文献的研究からも，教育心理学や社会心理学の研究領域となっていない事が明らかになった。

　第1章「文学作品にみられるあだ名に関する内容分析―『坊っちゃん』（夏目漱石）の事例研究―」においては，事例研究として，文学作品にみられるあだ名に関する内容分析を行った。大きくは以下の2つの分析を行った。
　分析1：あだ名とその命名理由を抽出する。誰がどのような理由や根拠をもとに，あだ名を付けているのかを調べた。
　分析2：呼ぶ人と呼ばれる人の対人関係の記述を抽出する。あだ名が付いた人は周囲からどのような対人認知や評価を受けているのかを調べた。
　以上の事から，ステレオタイプ的認知，対人認知，帰属理論などを基礎として，あだ名とその命名方略（付ける理由・根拠）を次のように心理学的に分類した。
　①狸（校長先生）「身体的特徴の見立て」＋「性格的特徴の見立て」
　②赤シャツ（教頭先生）「衣服などの装いの指摘」

③うらなり（古賀先生）「身体的特徴の見立て」
④山嵐（堀田先生）「身体的特徴の見立て」＋「性格的特徴の見立て」
⑤のだいこ（吉川先生）「行動特徴・エピソードの指摘」＋「性格的特徴の見立て」
⑥マドンナ（遠山のお嬢さん）「身体的特徴の見立て」
⑦坊っちゃん（おれ）「性格的特徴の指摘」（職場の同僚・上司から）

第2章「学校教師のあだ名に関する調査的研究」では，学校教師のあだ名の成立パターンがどのようになっているかを実態調査し，さらにその付け方の根拠を分類した。主な分析の視点は次の2つであった。（1）学校教師のあだ名を収集して命名方略を分類する事，（2）前章のテクスト『坊っちゃん』の内容分析から得られたあだ名の命名方略が，今日の学校現場におけるあだ名の実態調査において確認できるか。それ以外にも新たな命名方略はあるか。

大学生他338名（男子117名，女子221名）から得られた合計297件のあだ名を，帰属理論やステレオタイプ的認知などの心理学理論に基づいて，以下の12の命名方略に分類した。

分析の（1）では，「姓（名字）の変形」(19.2％，分類1），「名前の変形（11.1％，分類2），「姓と名前の変形」(4.0％，分類3），「身体的特徴の指摘」(14.1％，分類4），「身体的特徴の見立て」(25.9％，分類5），「衣服などの装いの特徴の指摘」(1.0％，分類6），「衣服などの装いの見立て」(3.0％，分類7），「行動特徴・エピソードの指摘」(7.1％，分類8），「行動特徴・エピソードの見立て」(0.7％，分類9），「性格的特徴の指摘（1.0％，分類10），「性格的特徴の見立て」(4.7％，分類11），「上記で複合的なもの」(7.7％，分類12）。これらの中には，身体的なハンディキャップについて，蔑称的で人格攻撃の道具としてあだ名を使用するという望ましくない事例が含まれていた。そこで，その解決方略について考察を加えた。

分析の（2）は第1章のあだ名の確認・対比であるが，「狸＝校長先生」は分類5「身体的特徴の見立て」と分類11「性格的特徴の見立て」，「赤シャツ＝教頭先生」は分類6「衣服などの装いの特徴の指摘」，「うらなり＝古賀先生」は分類5「身体的特徴の見立て」，「山嵐＝堀田先生」は分類5「身体的特徴の

見立て」と分類11「性格的特徴の見立て」,「のだいこ＝吉川先生」は分類8「行動特徴・エピソードの指摘」と分類11「性格的特徴の見立て」,「マドンナ＝遠山のお嬢さん」は分類5「身体的特徴の見立て」,「坊っちゃん＝おれ」は分類10「性格的特徴の指摘」であった。以上より,『坊っちゃん』にあらわれたあだ名の命名方略は,現在の実態的な調査研究によっても学校現場で使用されている事が明らかになった。また,本調査的研究から第1章のテクスト内容分析以上の命名方略が得られた事が示された。

　第1章のテクストは約100年を経て今日に続く事例であるので,第3章から第5章までにおいては,現代のマンガ作品をあだ名分析のテクストとする一連の研究を実施した。なお,このマンガ作品を取り上げた理由は,キャラクターが多く,また,あだ名命名の理由がテクスト上で記述されていたためである。
　第3章では,あだ名の分類とその機能に関する内容分析的な調査を行った。第4章では,この作品の読者があだ名をどのように評価しているのかを調査的方法によって明らかにした。第5章では引き続いて追補的な調査研究を行って,第3章から第5章に関してのあだ名が果たす心理学的な機能について総合的な考察を行った。

　第3章「マンガ作品にみられるあだ名に関する内容分析—『よいこ』(石川優吾)の事例研究—」は,第1章と対をなし,第2章で得られたあだ名の命名方略の分類リストを補強するものである。この内容分析から得られた結果について,さらに踏み込んで学校現場への介入の実証的根拠を形成するために,あだ名が悪意を持って使われるケースの回避・克服策を検討していく基盤を整える事を目的とした。方法としては,あだ名を扱うマンガ『よいこ』の作品中に表現された登場人物の会話内容に注目し,あだ名に関わる箇所を抜き書きした。あだ名と命名方略に関する結果は次のようであった。「乳お化け」：身体的特徴の見立て(分類5)[＋身体的特徴の指摘(分類4)],「ガリ・バー子」：身体的特徴の見立て(分類5),「白ブタ」：身体的特徴の見立て(分類5)[＋身体的特徴の指摘(分類4)],「食中」：行動傾向・エピソードの指摘(分類8),「外国人」：身体的特徴の見立て(分類5),「メガネザル」：身体的特徴の指摘(分

類4)［＋身体的特徴の見立て（分類5）］,「あそこの毛」：身体的特徴の見立て（分類5),「チビA」：身体的特徴の指摘（分類4),「チビB」：身体的特徴の指摘（分類4),「チビ夫」：身体的特徴の指摘（分類4),「チビ子」：身体的特徴の指摘（分類4),「ちんちくりん」：身体的特徴の指摘（分類4),「寸足らず」：身体的特徴の指摘（分類4),「歯抜け」：身体的特徴の指摘（分類4)。

抽出された14のあだ名はすべて担任による児童への蔑称であり，これはあだ名を使った人格攻撃，あるいはパワー・ハラスメントであった。得られたあだ名を命名方略に着目して分類すると分類4，5，8の3つに集中しており，新たな命名方略によるあだ名は見出されなかった。

第4章「児童のあだ名に関する調査的研究」では，この種の人格攻撃的なあだ名が望ましくない使用例であるとする立場を取り，読者がこの作品をどのように評価するかを調査的方法によって明らかにしていく事を目的とした。予備調査として合計26名（男9名，女17名）の高校生に対して自由記述法による回答を求めた。これらの結果をもとにして，本調査を計画した。

第3章で扱ったマンガ作品『よいこ』を個々に読んでもらい，続いて質問用紙への回答を求めた。女子高校生101名の回答を分析の対象とした結果は，次の3点であった。

第1に，「ひどい不快なあだ名かどうか」（質問1）についての上位のあだ名には，「あそこの毛」(96.04%),「乳お化け」(91.08%),「白ブタ」(86.14%),「食中」「寸たらず」（ともに，84.16%）であった。「ひどくない」と評定されたあだ名は高い順に「外国人」(27.72%),「メガネザル」「歯抜け」（ともに，17.82%）などであった。原因帰属理論的な考察として，本人自身の力ではどうしようもないもの，解決が相当に困難なもの（「あそこの毛」「乳お化け」「寸足らず」など）と関わるあだ名は，悪意があり不快感が強いと感じられる傾向があった。本人が気にしていそうな部分を取り上げて指摘したり，マイナスイメージを付加するあだ名（「白ブタ」「乳お化け」）を付ける事は，悪意があると受け取られる。他方，これに対し，将来的には確実に克服できるような現在の特徴（「歯抜け」など）に関しては，不快感はあるにしても多少とも不快感が相対的には軽減される傾向があった。

第2に，「あだ名を呼ぶ気持ちや理由」（質問2）で「そう思う」とした高い項目としては，「16 遊び心で呼んでいる」(86.13%)，「5 あまり深くは考えず，その人の目立つ特徴だから」(86.13%)，「11 皆が呼んで定着しているから」(84.15%)，「15 いかにも体の特徴をよくあらわしているから」(69.30%)，「7 アダ名で呼んで相手が嫌がるのが面白いから」(55.44%)，「6 おっぱいをスゴイと思っているから」(54.45%) などがあがった。因子分析の結果から，「攻撃・支配の手段（蔑称）」「好意・親和の表現（愛称）」「流行・普及への同調」「心理的距離の解消」の4因子を解釈した。

第3に，「あだ名による人格攻撃の打開策」（質問3，自由記述法）を，大きく次のように分類した。（1）相手に対してあだ名を拒絶する意志表示（相手への直接的な反撃，相手への間接的な反撃，権威による抑制，反撃，情緒的な反撃など），（2）あだ名による攻撃対象の目標をあいまいにしたり混乱させる（目標物の消失・迷彩化，ラベルの置き換えなど），（3）反撃・抵抗せずに鎮静化する態度（時間的解決，開き直り，あきらめ）。これらについて，古典的学習心理学や社会心理学の立場から具体的に効果があるかどうかを考察した。

第5章「あだ名を拒絶する方途に関する調査的研究」は，前章の追補的な調査研究として位置づけた。前の第4章では，不快なあだ名を付けられた女子生徒（乳お化け）について，一種の場面想定法により，蔑称の意味を持つあだ名で呼ばれる側の立場からの回答を求め，あだ名の心理的な機能を検討した。また，このような不快なあだ名を回避・拒絶する具体的な打開策のリストを求めるに至った。

この結果を受けての第5章では，逆にあだ名で呼ぶ側に立つ一種の場面想定法により，この打開策の現実性に関する確認を行った。高校1年男子生徒33名を調査協力者として，上記のあだ名打破のアイデアに対する9通り34項目についての評定を求めた。主な結果として，（1）相手に対してあだ名を拒絶する意志表示に関する項目の「相手への直接的な反撃」「情緒的な反撃」，（2）あだ名による攻撃対象の目標をあいまいにしたり混乱させる項目の「ラベルの置き換え」，（3）反撃・抵抗せずに鎮静化する態度に関する項目である「開き直り」，それが効果的であるという高い評価が集まった。しかし，「どちらともい

えない」と回答する項目も非常に多く，先生や個々人，クラスの雰囲気など，いろいろな要素によって変化する問題であるという複雑さをうかがわせる結果となった。

最後の第6章「女子青年からみた親子間の呼称と心理的離乳」では，同年齢集団である学級・学校を離れて，異年齢で依存・自立の問題を含む親子関係における呼称（あだ名を含む）に関して検討を加えた。

民族学的観点からは，家族の発達とともに家族構成員が変化する時，相互の呼称がどう変わっていくかの実態調査がある。本章に関わるこのような周辺的研究からは，呼称が親子の心理的距離，すなわち心理的離乳に深く関連する可能性が十分に考えられよう。本章では，親子関係とくに心理的離乳と呼ばれている親からの子の心理的な自立や独立の過程について，その過程があだ名を含むような呼称にあらわれているとみなして，その時期と心理的な状態を調査的方法によって把握しようとした。

親と同居している自宅通学の女子大学生301名を対象にして，倫理的配慮に留意しながら，呼称についての調査研究を行った。結果は次のようであった。（1）現在の相互の呼称は，子どもから親へは「お父さん・お母さん」が一番多く，親から子どもへは「呼び捨て」が一番多かった。（2）自分から父母への呼称が変化した時期は中学生期がもっとも多く，父母から自分へも同様に中学生期が一番多かった。（3）相互の呼称の変化は中学生期が多いか，現在も変わらないとする2極化傾向になっていた。（4）相互の呼称変化に関する理由（自由記述法）を論理的に分類したところ，「反抗期」「お互いの照れ」「対等の大人」「他者の目，暗黙の圧力，世間体」「気分，対人的スキル」「間合い，距離感」の6つとなった。

対人的なコミュニケーションの開始を意味する呼称が上記のような理由で変化していくという事は，親子の双方が新しく相互の関係を確認する事に他ならない。呼称が，青年期の微妙に刻々と変化する青年期の親子関係のその目印（マーカー）になっている事を予想させるものである。これは，学校場面による生徒から教師へのあだ名と類似した呼称の機能と考えられた。

あだ名やニックネームを始めとする呼称研究は，教育心理学や社会心理学の

研究領域として一角を占める可能性を持っている。今後の持続的な研究を蓄積して学校教育や地域社会における現実的な課題を解決する処方箋の1つになることを期待している。

本書の構成

本書は，主として，以下に発表した論文等を部分的あるいは大幅に加筆修正したものである。

序章：
大野木裕明（1999）．あだ名の研究（4）竹取物語と徒然草　日本性格心理学会第8回大会発表論文集　74-75.
大野木裕明（2002）．あだ名の研究（6）夏目漱石『坊ちゃん』の2面性　日本教育心理学会第44回総会発表論文集　139.
大野木裕明（2003）．教師「坊っちゃん」の就職活動と転職（pp.19-31）　後藤宗理・大野木裕明（編）フリーター―その心理社会的意味―　現代のエスプリ（No.427）至文堂

第1章：
大野木裕明（1996）．あだ名の研究（1）夏目漱石『坊ちゃん』　日本性格心理学会第5回大会発表論文集　60-61.

第2章：
大野木裕明（1998）．あだ名の研究（3）教師のあだ名と根拠　日本性格心理学会第7回大会発表論文集　76-77.
大野木裕明(2000)．学校教師のニックネーム　福井大学教育地域科学部紀要(第Ⅳ部) 56, 25-42.

第3章：
大野木裕明（2001）．ニックネームを主題とするマンガ作品の心理学的考察　福井大学教育地域科学部紀要（第Ⅳ部）　57, 25-44.（研究1）

第 4 章：

大野木裕明（2000）．あだ名の研究（5）石川優吾『よいこ』 日本性格心理学会第 9 回大会発表論文集　52-53．

大野木裕明（2001）．ニックネームを主題とするマンガ作品の心理学的考察　福井大学教育地域科学部紀要（第Ⅳ部）　57，25-44．（研究 2）

第 5 章：

大野木裕明（2001）．ニックネームを主題とするマンガ作品の心理学的考察　福井大学教育地域科学部紀要（第Ⅳ部）　57，25-44．（研究 3）

第 6 章：

大野木裕明（2009）．女子青年からみた親子間の呼称と心理的離乳　仁愛大学研究紀要—人間生活学部篇—　1，53-61．

大野木裕明（2010）．親子関係にみられる呼称　日本心理学会第73回大会論文集　1183．

第 7 章：

書き下ろし

引用文献

Bandura, A. (1969). *Principles of behavior modification.* New York: Holt, Rinehart & Winston.
Bandura, A. (1986). *Social foundations of thought and action: A social cognitive theory.* Englewood Cliffs, NJ:Prentice-Hall.
遠藤利彦 (1999). 心理的離乳 (p.461) 中島義明・安藤清志・子安増生・坂野雄二・繁枡算男・立花政夫・箱田裕司 (編) 心理学辞典 有斐閣
Ewen, R. B. (1998). *An introduction to theories of personality* (5th ed.) Hillsdale, NJ: Lawrence Erlbaum.
藤永保・仲真紀子 (監) 岡ノ谷一夫・黒沢香・泰羅雅登・田中みどり・中釜洋子・服部環・日比野治雄・宮下一博 (編) (2004). 心理学辞典 丸善
浜名外喜男 (1995a). ステレオタイプ的認知 (pp.184-185) 小川一夫 (監) 改訂新版 社会心理学用語辞典 北大路書房
浜名外喜男 (1995b). 対人認知 (pp.225-226) 小川一夫 (監) 改訂新版 社会心理学用語辞典 北大路書房
林文俊・津村俊充・大橋正夫 (1977). 顔写真による相貌特徴と性格特性の関連構造の分析 名古屋大学教育学部紀要 (教育心理学科) 24, 35-42.
池田幸恭・大竹裕子・落合良行 (2006). 「子の親に対するかかわり方」からみた心理的離乳への過程仮説 筑波大学心理学研究 31, 45-57.
Jones, E. E., Kanouse, D. E., Kelley, H. H., Nisbett, R. E., Valins, S., & Weiner B. (1972). *Attribution: Perceiving the causes of behavior.* New York: General Learning Press.
金子俊子 (1991). 青年期女子の親子・友人関係における心理的距離の研究 青年心理学研究 3, 10-19.
Kelley, H. H. (1982). 大橋正夫 (訳) 帰属理論とその応用 (pp.68-97) 三隅二不二・木下富雄 (編) 現代社会心理学の発展 I ナカニシヤ出版
近藤哲 (1995). 漱石と会津っぽ・山嵐 歴史春秋社
Luft, J. (1969). *Of human interaction: The Johari Model.* Palo Alto, CA: National Press Books.
Macrae, C. N., Stangor, C., & Hewstone, M. (Eds.) (1996). *Stereotypes & stereotyping.* New York: Guilford.
Manstead, A. S. R., & Hewstone, M. (Eds.) (1995). *The Blackwell encyclopedia of social psychology.* UK: Blackwell.
三島浩路 (2003). 学級内における児童の呼ばれ方と児童相互の関係に関する研究 教育心理学研究 51, 121-129.

中河興一（訳注）(1956). 竹取物語　角川書店（文庫）
中島義明・安藤清志・子安増生・坂野雄二・繁桝算男・立花政夫・箱田裕司(編)(1999). 心理学辞典　有斐閣
中條修・滝浪常雄（1989). 呼称に見られる対人関係の認識　静岡大学教育学部研究報告書　40，1-16.
夏目漱石 (1955). 坊っちゃん　角川書店（文庫）
夏目漱石（著）Turney, A.（訳）(1985). Botchan 坊っちゃん　講談社インターナショナル
夏目漱石（原作）本橋浩一（製作）(1996). アニメ日本の名作　坊っちゃん　金の星社
日栄社編集所（編）(1995). 新・要説　徒然草　日栄社
日本国語大事典第二版編集委員会（編）(2000). 『日本国語大事典　第二版』（小学館）
西平直喜 (1990). 成人になること―生育史心理学から―　東京大学出版会
落合良行 (1995). 心理的離乳への5段階過程仮説　筑波大学心理学研究　17，51-59.
小川一夫（監）(1995). 改訂新版社会心理学用語辞典　北大路書房
小川隆章 (1991). 家族の相互の呼び方から見た日本の家族関係の特徴　応用心理学研究　16，1-9.
小川隆章 (2000). 祖父母を含む家族の呼び方について　釧路論集（北海道教育大学）32，253-262.
大橋正夫 (1979). 他者についての理解と判断 (pp.28-42) 大橋正夫・佐々木薫（編）社会心理学を学ぶ　有斐閣
大野木裕明 (1996). あだ名の研究（1）夏目漱石『坊ちゃん』　日本性格心理学会第5回大会発表論文集　60-61.
大野木裕明 (1997). あだ名の研究（2）女子学生のあだ名と根拠　日本性格心理学会第6回大会発表論文集　30.
大野木裕明 (1998). あだ名の研究（3）教師のあだ名と根拠　日本性格心理学会第7回大会発表論文集　76-77.
大野木裕明 (1999). あだ名の研究（4）竹取物語と徒然草　日本性格心理学会第8回大会発表論文集　74-75.
大野木裕明 (2000). あだ名の研究（5）石川優吾『よいこ』　日本性格心理学会第9回大会発表論文集　52-53.
大野木裕明 (2000). 学校教師のニックネーム　福井大学教育地域科学部紀要（第Ⅳ部）56，25-42.
大野木裕明 (2001). ニックネームを主題とするマンガ作品の心理学的考察　福井大学教育地域科学部紀要（第Ⅳ部）57，25-44.
大野木裕明 (2002). あだ名の研究（6）夏目漱石『坊ちゃん』の2面性　日本教育心理学会第44回総会発表論文集　139.
大野木裕明 (2003). 教師「坊っちゃん」の就職活動と転職 (pp.19-31) 後藤宗理・大野木裕明（編）フリーター―その心理社会的意味―　現代のエスプリ（No.427）　至文堂
大野木裕明 (2003). 『坊っちゃん』の離職行動におけるセルフ・モニタリングの心理

福井大学教育地域科学部紀要（第Ⅳ部）59，1-10．
大野木裕明（2005）．間合い上手―メンタルヘルスの心理学から　NHK出版
大野木裕明（2009）．女子青年からみた親子間の呼称と心理的離乳　仁愛大学研究紀要―人間生活学部篇―　1，53-61．
大野木裕明（2010）．親子関係にみられる呼称　日本心理学会第73回大会論文集　1183．
岡隆・佐藤達哉・池上知子（編）（1999）．偏見とステレオタイプの心理学（現代のエスプリ No.384）　至文堂
Reynolds, G. S. (1975). *A primer of operant conditioning.* Glenview, IL: Scott, Foresman.［レイノルズ（著）朝野俊夫（訳）（1978）．オペラント心理学入門　サイエンス社］
Rosenberg, S., Nelson, C., & Vivekanathan, P. S. (1968). A multidimensional approach to the structure of personality impressions. *Journal of Personality and Social Psychology,* **9**, 283-294.
Rosenberg, S., & Sedlak, A. (1972). Structural representations of implicit personality theory. (pp.235-297) In L. Berkowits (Ed.), *Advances in experimental social psychology.* Vol.6. New York: Academic Press.
佐藤方哉（1976）．行動理論への招待　大修館書店
新村出（編）（2008）．広辞苑（第六版）　岩波書店
篠田有子・大久保孝治（1995）．家族呼称の発達論的研究　家庭教育研究所紀要　17，22-29．
武光誠（1998）．名字と日本人―先祖からのメッセージ―　文藝春秋
谷泰（1979）．呼称選択行動の方法論的考察（pp.135-180）　人類学方法論の研究（京都大学人文科学研究所）
谷泰（1981）．日本語の家族内呼称での最年少者について　民族学研究　46，315-329．
辰野千寿・高野清純・加藤隆勝・福沢周亮（編）（1986）．多項目 教育心理学辞典　教育出版
時枝誠記・吉田精一（編）（1982）．角川国語大辞典　角川書店
津留宏（1960）．家族呼称から見た家族関係　教育心理学研究　4，12-20．
Turney, A.（訳）（1997）．坊っちゃん―BOTCHAN―　講談社インターナショナル
梅棹忠夫・金田一春彦・阪倉篤義・日野原重明（監）（1995）．講談社カラー版日本語大辞典（第2版）　講談社
梅津八三・相良守次・宮城音弥・依田新（監）（1981）．新版心理学事典　平凡社
牛島義友・阪本一郎・中野佐三・波多野完治・依田新（編）（1968）．教育心理学新辞典　金子書房
和田香誉（2008）．父母の呼称に関する研究Ⅰ　日本教育心理学会第50回総会発表論文集　521．
Weiner, B. (1986). *An attributional theory of motivation and emotion.* New York: Springer-Verlag.
柳原光（1980）．心の四つの窓　サイコロジー　*No.*1（創刊号）　6-11．サイエンス社
柳原光（1992）．ジョハリの窓―対人関係における気づきの図解式モデル―（pp.66-

69）南山短期大学人間関係科（監）　津村俊充・山口真人（編）　人間関係トレーニング―私を育てる教育への人間学的アプローチ―　ナカニシヤ出版

矢野喜夫（1973）．家族のコミュニケーション生活（pp.161-196）　京都大学人文科学研究所調査報告（第29号）都市における家族の生活

横谷謙次（2008）．「逸脱」呼称と家庭内暴力に関する一実証的研究―「逸脱」した呼称が「逸脱」した関係を規定することに着目して―　家族心理学研究　22，14-27．

事項索引

あ
相手への間接的な反撃　73, 81
相手への直接的な反撃　73, 81
赤シャツ　20
　――＝教頭先生　26
あきらめ　74, 82
あだ名
　――が付いた理由の評定　70
　――が付いた理由は何か　69
　――禁止の理由　57
　――の定義　4
　――の発生時期　6
　――のひどさの評定　68
　――の命名方略　12
暗黙のパーソナリティ理論　16
衣服などの装いの特徴の指摘　26, 40, 46
衣服などの装いの特徴の見立て　40, 46
うらなり　21
　――＝古賀先生　28
榎の木の僧正　7

か
帰属過程　14
きりくひの僧正　7
権威による抑制，反撃　73, 81
行為・親和の表現　72
攻撃・支配の手段　72
行動特徴・エピソードの指摘　31-32, 40, 47, 62
行動特徴・エピソードの見立て　48
呼称　2

さ
差別　19

時間的解決　74, 82
情緒的な反撃　73
ジョハリの窓　13
身体的特徴の指摘　39, 43, 62
身体的特徴の見立て　23, 29, 31, 40, 44, 62
心理的距離の解消　72
心理的離乳　90
ステレオタイプ　18
姓（名字）の変形　39
性格的特徴の指摘　34, 40, 48
性格的特徴の見立て　23, 31, 32, 41, 48
姓と名前の変形　39, 43
相互の呼称変化に関する理由　90
相互の呼称変化の時期　90
速写的判断　16

た
対人知覚　15
対人認知　15
　――の歪み　18
竹取の翁　7
竹取物語　6
狸　20
徒然草　7

な
名前の変形　39, 42
ニックネームの意味　4
のだいこ　22
　――＝吉川先生　31

は
開き直り　74, 82

偏見　19
坊っちゃん　2, 12
　──の2面性　32
　──のあらすじ　12
堀池の僧正　7

ま
マドンナ　22
　──＝遠山のお嬢さん　32
命名の根拠　12

命名方略の分類と機能　51
目標物の消失，迷彩化　73, 81

や
山嵐　22
　──＝堀田先生　29

ら
ラベルの置き換え　73, 81
流行・普及への同調　72

人名索引

B
Bandura, A.　78

E
Ewen, R. B.　62

F
藤永保　5

H
浜名外喜男　15, 18
林文俊　16
Heider, F.　14
Hewstone, M.　5, 62

I
池田幸恭　91
池上知子　62

J
Jones, E. E.　14

K
Kelly, H. H.　14
近藤哲　30

L
Luft, J.　14

M
Macrae, C. N.　62
Manstead, A. S. R.　5
三島浩路　9

N
中島義明　5
中條修　3, 9
夏目漱石　2, 12
Nelson, C.　17
西平直喜　91

O
落合良行　91
小川一夫　5

小川隆章　3
岡隆　62
大橋正夫　16
大久保孝治　3
大野木裕明　2, 9, 63, 77

R
Reynolds, G. S.　77
Rosenberg, S.　17

S
佐藤方哉　77
佐藤達哉　62
Sedlak, A.　17
篠田有子　3
Stangeor, C.　62

T
滝波常雄　3, 9
谷泰　3

辰野千寿　5
津村俊充　16
津留宏　3
Turney, A.　19

U
梅津八三　5
牛島義友　5

V
Vivekanathan, P. S.　17

W
和田香誉　9
Weiner, B.　14

Y
柳原光　14
矢野喜夫　3, 88
横谷謙次　9, 88

[著者紹介]

大野木 裕明（おおのぎ・ひろあき）
仁愛大学人間生活学部教授。福井大学名誉教授。
教育学博士（名古屋大学）。
現在の専門はパーソナリティ心理学，教育心理学，発達心理学。
主著に『テストの心理学』(ナカニシヤ出版)，『間合い上手』(NHK ブックス) など。

呼称の対人的機能
2015 年 2 月 20 日　初版第 1 刷発行　　(定価はカヴァーに表示してあります)

　著　者　大野木裕明
　発行者　中西健夫
　発行所　株式会社ナカニシヤ出版
　〒606-8161　京都市左京区一乗寺木ノ本町 15 番地
　　　　　　　Telephone　075-723-0111
　　　　　　　Facsimile　075-723-0095
　　　　　Website　http://www.nakanishiya.co.jp/
　　　　　Email　iihon-ippai@nakanishiya.co.jp
　　　　　　　郵便振替　01030-0-13128

装幀＝白沢　正／印刷・製本＝亜細亜印刷
Copyright © 2015 by H. Ohnogi
Printed in Japan.
ISBN978-4-7795-0901-8

本書のコピー，スキャン，デジタル化等の無断複製は著作権法上での例外を除き禁じられています。本書を代行業者等の第三者に依頼してスキャンやデジタル化することはたとえ個人や家庭内の利用であっても著作権法上認められておりません。